Dieu avec esprit

Du même auteur

Introduction, traduction et notes d'un des traités de Philon d'Alexandrie, *Quod deterius potiori insidiari soleat*, *Les œuvres de Philon d'Alexandrie* n° 5, Paris, Éditions du Cerf, 1965.

Introduction et traduction de *L'Abolition de l'homme*, de C. S. Lewis, Paris, Criterion, 1986.

Et si on parlait du Seigneur des anneaux, Paris, Presses de la Renaissance, 2002. Deuxième édition augmentée, septembre 2005.

Mythe, Raison ardente. Imagination et réalité selon C. S. Lewis, Genève, éditions Ad Solem, novembre 2005.

Irène Fernandez

Dieu avec esprit

Réponse à Michel Onfray

Philippe Rey

À François, dont l'aide et le soutien m'ont été particulièrement précieux

15, rue de la Banque – 75002 Paris

www. philippe-rey.fr

Jésus lui répondit : « Tu aimeras le Seigneur, ton Dieu, de tout ton cœur, de toute ton âme, et de tout ton esprit. C'est le premier et le plus grand commandement. »

Matthieu 22, 37-38

AVERTISSEMENT

On peut demander pourquoi se donner la peine de réfuter les allégations d'un *Traité d'athéologie* qui ne tient pas la route, par quelque bout qu'on le prenne. C'est faire beaucoup d'honneur à un livre dont la substance intellectuelle est fort mince.

Qu'on ne s'y trompe pas, ce n'est pas l'athéisme de cette athéo/logie qui est en cause : je n'ai pas l'intention d'écrire contre Onfray un *Traité de théologie*. Je voudrais rappeler que la question de Dieu mérite mieux que les arguments usés et rageurs qu'il nous assène dans son livre. Je souhaite simplement déblayer le terrain pour ouvrir les chemins d'une discussion sensée à ceux que cette question intéresse.

Ils sont apparemment nombreux, si on en juge par le succès de l'ouvrage d'Onfray. Or la manière dont il en traite déplace le débat vers une critique des religions et le clôt donc avant même de l'ouvrir. Loin de défendre l'athéisme d'une manière philosophiquement solide, il se livre en effet à une attaque en règle contre la religion en général, ce qui n'est pas du tout la même chose. Il se déchaîne en particulier contre le judaïsme, l'islam et surtout le christianisme, et son athéisme est avant tout une haine des monothéismes.

C'est une banalité de remarquer que nous vivons en un temps de grande inculture religieuse. Le public est souvent peu averti, et de l'histoire, et du contenu réels des trois monothéismes. Il est à craindre que beaucoup de lecteurs se laissent abuser par les affirmations aussi catégoriques qu'infondées de l'auteur, s'il est leur seule source d'information. C'est pourquoi je me propose de « répondre » à un polémiste qui ne mériterait pas autrement tant d'attention.

J'ajoute qu'il existe une difficulté particulière pour rétorquer aux prétendus arguments de ce *Traité d'athéologie* : c'est la manière ou le style qu'adopte l'auteur pour mener son offensive. Si Jésus, selon Onfray, « ne se comporte pas en gentleman » lorsqu'il s'en prend aux pharisiens, que doit-on penser d'un *Traité* écrit d'un bout à l'autre sur le ton de la plus violente invective ? Onfray s'y exprime de manière si blessante et si injurieuse à l'égard de ceux qu'il attaque qu'il est malaisé de garder son équanimité en travaillant à démêler cet écheveau d'insultes et de calomnies. Il n'est pas question de lui répondre sur le même ton, mais il n'est pas question non plus de laisser passer sans marquer le coup une pareille agression. « Tendre l'autre joue » est une maxime qui concerne les injures qui vous sont faites personnellement, et non celles qui visent, comme ici, l'honneur même de tous les croyants.

INTRODUCTION

« Athéisme, dit Pascal, marque de force d'esprit, mais jusqu'à un certain degré seulement[1]. » On aimerait faire ce compliment à l'auteur d'un *Traité d'athéologie*, mais plus on avance dans la lecture, plus la restriction pascalienne l'emporte sur l'affirmation. Qu'est-ce que cet athéisme qui n'est fondé que sur la vitupération des turpitudes et de l'imbécillité des non-athées ? Et en particulier quand ils sont adeptes de l'un des monothéismes, avec une prime de bêtise aux catholiques, spécialement stupides et venimeux, selon M. Onfray. Ces derniers sont si constamment vilipendés qu'on finit par se demander si l'attaque de « tous les monothéismes » ne sert pas à cacher la haine principale de l'auteur, un peu comme dans certains romans policiers où le criminel commet des meurtres multiples pour cacher le bon, si on peut dire, celui pour lequel il a un vrai mobile.

1. *Pensées*, éd. Brunschvicg, fr. 225.

Mais non, dit Onfray, et il commence même par là, magnifique exemple d'hypocrisie condescendante, il n'a rien contre les croyants, quelque monothéisme qu'ils professent ; ils peuvent être bien sympathiques individuellement, et même parfois avoir de bonnes idées (*Le Monde* 2[1]).

Mais que doit penser le fidèle d'une religion monothéiste, chrétien, juif ou musulman, devant ce *Traité* et la manière dont sa foi y est définie ? Qu'on en juge : le pauvre homme[2], « naïf et niais », « mineur mental », baignant dans une « imbécile béatitude » et un « perpétuel infantilisme, tout en cédant constamment, ce qui paraît contradictoire, à la fois à une pulsion de mort et/ou à la peur de la mort, adhère à une série de « balivernes », « bêtises », « billevesées », « contes », « délires », « extravagances », « fariboles », « facéties », « fables », « fatras », « fictions préhistoriques », « histoires à dormir debout » quand elles ne sont pas « pour les enfants », « inepties », « logorrhées », « mythologies révolues depuis plus de mille ans », « sottises » et « stupidités », « vérités grotesques » et « théologies abracadabrantesques ».

La liste, dont je ne garantis pas l'exhaustivité, fait certes honneur à la verve de l'auteur, mais ne peut que laisser pantois un lecteur qui attend des arguments. Onfray juge peut-être que c'est peu nécessaire, si tout croyant se complaît dans un tel tissu d'incohérences, d'invraisemblances et de contradictions qu'il suffit d'en faire l'exposé pour que tout l'édifice de sa foi s'écroule.

Et inutile de faire allusion aux efforts de pensée que cette foi en Dieu a pu susciter à travers les âges : il ne s'agit

1. N° 59, 2-8 avril 2005.

2. Homme ou femme, bien sûr. En général, j'entends par « homme », selon l'usage ordinaire du français, un être humain, quel que soit son sexe.

là pour le fidèle que de manières de nourrir sa « névrose », ou sa « psychose », au choix, car Onfray n'est pas regardant sur les termes, enfin sa « pathologie mentale » ou sa « schizophrénie » – car en plus d'être bête, le pauvre est malade – grâce à un empilage d'abstractions, de « sophisteries théologiques » et de « pinaillages scolastiques ».

Si l'on écrivait dans le même registre que l'auteur, sur un ton disons pour le moins familier, afin d'éviter la polémique, on s'écrierait volontiers : n'en jetez plus ! Mais le malheureux croyant n'a pas fini d'en prendre plein la figure, en particulier s'il est chrétien, car Onfray prétend révéler à ce dernier qu'il a donné sa foi à un « ectoplasme » – c'est-à-dire à Jésus, il n'est pas inutile de le préciser pour ceux qui ne comprendraient pas tout de suite de qui il s'agit –, si ectoplasmique qu'il a eu besoin de la propagande d'un « voyageur de commerce hystérique » (Paul) pour connaître quelque succès.

Ici le chrétien ne rit plus du tout, car ce qu'il voit mettre en cause, ce ne sont plus seulement ses propres capacités mentales, c'est la définition de ce qui lui est le plus cher. Et s'il y tient tant, ce n'est certainement pas parce que croire en l'« ectoplasme » serait uniquement, selon l'idée souvent répétée dans ce *Traité*, une garantie contre la peur de la mort. On ne peut être plus loin de la réalité de la foi et, à mon avis, il n'est même pas besoin de la partager pour le comprendre : y suffirait une description honnête, une simple phénoménologie de l'expérience croyante (pas seulement d'ailleurs dans le christianisme, mais aussi dans les fameux « monothéismes »), fondée sur une information sérieuse.

Une caricature aussi grossière, aux deux sens du terme, assenée de façon si péremptoire, et défendue, si l'on y regarde de plus près, à coups de sophismes et d'approximations, est si excessive qu'elle pourrait en être insignifiante, comme dit l'autre, et qu'elle ne vaudrait pas la peine d'être discutée : les chiens aboient, et la caravane passe... Mais on a ici plus que des aboiements, et la violence diffamatoire est si grande que seul un croyant décervelé comme ceux qu'imagine Onfray peut faire comme si de rien n'était.

Erreurs, inexactitudes, pseudo-raisonnements à foison : il serait fastidieux, et fort long, de les relever un à un. Je ne m'interdirai pas d'en épingler au passage, mais il me paraît plus important de considérer les trois principaux chefs d'accusation que brandit notre procureur contre les monothéismes historiques, et si on l'entend bien, contre tout théisme possible.

Les croyants ont répandu des « flots de sang » (l'auteur n'est pas ennemi des clichés), depuis toujours – depuis Moïse, depuis Mahomet et surtout depuis Constantin : la pulsion de mort toujours à l'œuvre dans la religion en général entraîne fatalement des massacres sans nombre. Rien de plus dangereux donc que la foi en Dieu.

Les croyants font preuve d'un obscurantisme crasse depuis l'origine aussi : la « haine de l'intelligence », autre propre de la religion, fait détester uniformément les livres, la science et le progrès. Rien donc de plus abrutissant que la foi en Dieu.

Animés par ces deux forces ténébreuses, les croyants font preuve d'une universelle « haine de la vie », qui se traduit par une morale mortifère et une sinistre « haine des femmes ».

Il est par conséquent urgent de lutter de toute ses forces contre un fléau aussi pernicieux : haro sur le judaïsme, le christianisme et l'islam. Mais pour se débarrasser de ces monothéismes zélateurs d'un dieu unique, il ne faut pas seulement instruire contre eux un dossier à charge du type : qui veut noyer son chien l'accuse de la rage. Il faut encore, Onfray le voit bien, les attaquer à la racine, c'est-à-dire montrer que l'idée même de Dieu est chimérique. C'est pourquoi il essaie de fonder l'athéisme, dans un « traité » d'athéo/logie (d'a/théologie ?).

Mais on sait que s'il est difficile de prouver l'existence de Dieu, il est tout aussi difficile de prouver son inexistence. C'est la raison sans doute qui entraîne l'auteur sur la voie de l'invective plutôt que sur celle de la démonstration. En toute rigueur en effet, et même si on prenait tout ce qu'il raconte comme parole d'évangile (si on peut dire !), on ne pourrait pas pour autant en conclure à la vérité de l'athéisme. Tout au plus devrait-on admettre que les religions en général et les monothéismes en particulier sont une horrible maladie de l'humanité, un chancre dévastateur, une calamité sans nom, ou tout ce qu'on voudra de ce genre ; mais rien n'empêcherait, intellectuellement parlant et en toute bonne logique, de chercher au ciel des idées une conception plus pure de la divinité. Autrement dit, on n'a pas affaire là à un argument en faveur de l'athéisme. Que ceux qui croient en Dieu soient criminels ou stupides, ou même les deux, ne prouve en rien qu'ils aient tort de croire en Lui : peut-être après tout ne comprennent-ils rien à Celui auquel ils accordent foi. Vu leur bêtise, cela n'aurait rien d'étonnant. Mais on ne peut aucunement en déduire que Dieu n'existe pas. L'éventuelle vertu des croyants ou leur possible intelligence ne prouvent pas plus, bien entendu, qu'Il existe. Le problème est ailleurs, comme on dit, c'est-à-dire qu'il doit être abordé par de tout autres voies.

D'un point de vue philosophique, c'est là l'objection la plus décisive, me semble-t-il, qu'on puisse faire à Onfray. Ce n'est pas parce qu'on tient un discours antireligieux qu'on justifie l'athéologie : il ne suffit pas de croire régler leur compte aux religions pour en avoir fini avec la pensée de Dieu.

Ce n'est pas pour autant qu'on doive prendre sa critique des monothéismes pour argent comptant. On ne peut en aucune façon lui concéder ses postulats, surtout dans leur extrême et absurde généralité : tous les monothéismes sont-ils uniformément massacreurs, obscurantistes et ruine des civilisations où ils se sont développés ? On ne voit pas comment on peut soutenir honnêtement pareille assertion. Elle ne peut procéder que d'un présupposé plus radical encore que la haine : la méconnaissance radicale de ce dont on parle. Il s'en prend non seulement aux monothéismes, mais aussi à « toutes les religions sans exception » (voir le § 7 de sa pseudo-bibliographie). Mais comment peut-on condamner valablement « la religion », si on ne sait même pas ce que c'est ? Il est singulier de consacrer des pages et des pages à la critique furieuse d'un phénomène dont tout laisse à penser que le critique ignore la nature. Non seulement il empile les « sophisteries », si on veut parler comme lui, mais il se trompe du tout au tout sur le sens de la démarche ou du fait religieux, pour employer un terme minimal. On a le sentiment très fort en le lisant que cette démarche ne fait pas de sens pour lui et qu'il en est exaspéré comme d'une inexplicable et dangereuse folie. Mais à traiter de folie ce qu'il ne comprend pas, il ne fait pas beaucoup avancer son lecteur dans l'intelligence de ce qu'il étudie, si tant est qu'on puisse parler d'étude devant cette bordée d'insultes quasiment monomaniaques.

Car enfin il faut être remarquablement sélectif pour ne voir dans la religion qu'une haine universelle envers tout ce qui fait le prix de la vie, une négativité pure. Il existe assez de documents, dans toutes les traditions religieuses, qui attestent que l'expérience du divin, pour prendre l'expression la plus faible possible, est avant tout positive et source de vie et de joie. Le méconnaître revient à refuser de voir ce qui est en question dans le phénomène religieux en général et induit forcément une vision biaisée des religions particulières. C'est ce pré-jugé, au sens originel, que l'on voit fonctionner à plein dans ce *Traité d'athéologie.* Mais avant d'en montrer l'inanité, il est nécessaire de faire justice de ses attaques exorbitantes.

I

FLEUVES DE SANG ET PULSION DE MORT ?

Rien n'est plus dangereux donc que le « monothéisme ». Son « œil noir » tue, depuis des siècles, comme celui du basilic. On lui doit une avalanche de crimes et d'horreurs, de massacres et d'exterminations. Mû par une pulsion de mort, il n'aime que la guerre et le carnage, comme en témoigne son histoire selon Onfray. Celui-ci la retrace hardiment, sans s'encombrer de précisions ou de détails[1], de la conquête de Canaan au génocide rwandais. Et tout le monde en prend pour son grade. Les juifs ont inventé la « guerre sainte », dont les musulmans, qui ont le « goût du sang », ont fait leur miel. Quant aux chrétiens, ils ont théorisé l'idée de « guerre juste », avec Augustin (encore un crétin sanguinaire, « jamais en retard d'une brutalité, d'un vice ou d'une perversion » !). Et leur furie s'est déchaînée sur tous les continents, justifiée grâce à une habile combinaison

1. Il faut dire qu'il est souvent brouillé avec ceux-ci. Mais Dieu est dans les détails, comme on sait, et cela s'explique donc…

de la loi du talion, mal comprise par notre auteur[1], avec l'épisode des vendeurs chassés du Temple, encore moins bien compris, puisqu'il est censé légitimer les pires violences.

Devant les « fleuves de sang » qu'ils ont répandus, devant ces monceaux de morts par millions et par millions dont s'épouvante Onfray, qui s'invente ainsi autant de raisons de condamner sans appel leurs bourreaux, la discussion raisonnable est bien difficile. Si on se défend, on a l'air d'accepter le bien-fondé de l'accusation. Si on traite celle-ci d'absurdité, c'est qu'on ne veut pas voir les choses en face. Si on assure que les choses en question sont plus complexes que ce qu'on en dit ordinairement, c'est évidemment qu'on est prêt à tout justifier.

Mais il faut quand même tenter de les préciser. Et dire d'abord qu'il est impossible d'amalgamer les monothéismes en une seule entité, comme si les différences entre les religions ne comptaient pas. Cela est particulièrement net en ce qui concerne la guerre justement, objet majeur de l'indignation d'Onfray.

1. Exode 21, 23 ; Lévitique 24, 17-22 ; Deutéronome 19, 21. Ce fameux « œil pour œil, dent pour dent » figure aussi dans le code de Hammourabi, qui n'était pourtant pas monothéiste. La loi du talion n'était pas destinée à encourager la violence, mais au contraire à la limiter, en interdisant les vengeances démesurées. Voir la Bible de Jérusalem, note *in loco.*

A - Les monothéismes et la guerre

L'« anathème » du judaïsme ancien

Pour commencer par l'« invention juive de la guerre sainte », il faut noter que cette « expression terrifiante et hypermoderne » est si moderne qu'elle ne figure pas dans le passage cité du livre de Josué, contrairement à ce qu'affirme Onfray ; elle ne se trouve nulle part d'ailleurs dans la Bible. On dira qu'il s'agit d'un détail – encore un ! – puisque, si le terme n'y est pas, la chose y est bien : il s'agit en effet en Josué 6, 21 du passage au fil de l'épée de la population entière de Jéricho par obéissance à un ordre divin. Loin d'être moderne, cet « anathème », selon le terme biblique (*herem*), est plutôt une pratique extrêmement archaïque, qu'Israël n'avait pas « inventée », mais partageait avec d'autres peuplades du Moyen-Orient ancien[1]. De plus, on considère aujourd'hui que le récit que fait le livre de Josué de la conquête de Canaan n'a pas de fondement historique et donc que cet « anathème » n'a jamais eu lieu.

Que l'idée en soit exprimée suffit cependant à faire frémir, et, si Onfray en était resté là, on pourrait comprendre sa répulsion devant cette sacralisation primitive de l'extermination. Mais là où on ne peut le suivre, c'est lorsqu'il fait comme si cette loi « invitant à la boucherie généralisée » était toujours en vigueur et justifiait aux yeux des Juifs d'aujourd'hui tous les massacres possibles, comme si cet « appel au meurtre et au racisme » légitimait les pires exactions.

1. *The Jewish Study Bible*, Oxford University Press, 2004, p. 588. Voir aussi l'introduction au livre de Josué.

C'est le cas peut-être dans l'imagination d'une mince poignée de fanatiques. Mais est-ce une raison pour imputer une pareille conviction à tous les Juifs croyants, qui ne la professent en rien ? Outre son inexactitude, ce genre d'allégation est dans le contexte politique actuel une provocation pour le moins inutile.

La « guerre sainte » de l'Islam

Il existe en arabe deux mots pour nommer la guerre, dont l'un, *jihâd*, a des résonances redoutables aujourd'hui. Il désigne celle qui doit être menée contre les infidèles. Mais il n'est pas aisé d'en comprendre l'exacte portée, car c'est un terme qui a une longue histoire, qui a connu et connaît encore bien des interprétations[1]. L'obligation qui en est faite aux croyants culmine dans la sourate 115/IX, « combattez ceux qui ne croient pas en Allâh... ». C'est une sourate tardive qui abroge donc les dispositions éventuellement plus douces qui la précèdent, en vertu d'un principe constant de l'exégèse coranique, selon lequel le verset le plus récent abroge ceux qui viennent avant lui, s'ils contredisent ce dernier.

C'est donc un devoir de la communauté musulmane (et non de chaque musulman pris individuellement), qui doit toujours se maintenir en état de *jihâd*. Mais le débat s'est vite ouvert parmi les docteurs pour savoir en quoi il consistait exactement et jusqu'où il devait aller : exterminer les adversaires, ou seulement les soumettre et les obliger à payer tribut, ou se borner à se défendre contre les agressions

1. Voir Alfred Morabia, *Le Gihad dans l'Islam médiéval*, Albin Michel, 1993, qui fait autorité sur la question.

de leur part ? De toute façon, il n'a jamais été question de massacrer sans discrimination.

On fait grand cas aujourd'hui d'une importante distinction entre ce *jihâd* guerrier, qui invite à se battre contre les incroyants – dit le « petit *jihâd* » – et un *jihâd* moral et spirituel, qui appelle à lutter contre ses passions et ses vices – dit le « grand *jihâd* ». Elle ne se trouve pas dans le Coran, mais dans les *hadîths*, c'est-à-dire l'ensemble des récits sur le Prophète qui constitue la *Sunna* (tradition). Celle-ci fait presque autant autorité que le Coran lui-même et on pourrait donc penser que cette distinction s'impose à tout bon musulman. Malheureusement, le *hadîth* qui la propose, « aussi célèbre que peu étayé, et certainement d'invention tardive » ne figure dans « aucun des six recueils canoniques[1] ». Il apparaît entre le IXe et le XIe siècle chez des auteurs mystiques, qui souhaitent donner une caution doctrinale à l'idée essentielle pour eux de combat spirituel. Cela ne les amène pas à rejeter le petit *jihâd*: qualifier ce dernier de « petit » n'entraîne en rien son abrogation. Autrement dit, il y a peut-être deux formes de « guerre sainte », mais elles sont toutes deux obligatoires : il y a une « unité fondamentale du “combat dans la Voie d'Allâh” [2] ».

Cela ne veut pas que la définition de deux modes du *jihâd* soit sans importance. Un certain nombre de tenants contemporains de l'islam insistent de préférence sur la dimension éthique et spirituelle de ce combat, et il faut espérer qu'ils se fassent entendre de leurs coreligionnaires. C'est la voie en effet qui devrait permettre à l'islam de retrouver ses richesses religieuses propres et de réprimer ses fanatiques : l'idée de *jihâd* intérieur a servi très tôt de prin-

1. Alfred Morabia, *op. cit.*, p. 297.
2. *Ibid.*, p. 330.

cipe politique à l'intérieur même de la communauté, pour justifier la lutte contre les musulmans « égarés ». Pourquoi ne servirait-elle pas dans ce sens aujourd'hui ?

La « guerre juste » du christianisme

Il existe une théorie de la « guerre juste » dans la pensée chrétienne. L'expression paraît révulser notre auteur, mais il ne semble pas bien la comprendre. L'idée a, depuis Augustin, une longue et fort intéressante histoire. Mais elle n'a rien à voir, contrairement à ce qu'il suggère, avec l'ordalie. Quand cette épreuve judiciaire, mal nommée « jugement de Dieu », était un combat singulier, celui-ci opposait des particuliers et non des États, et le vainqueur était supposé avoir raison, et donc le vaincu tort. On légitimait ainsi en fait le droit du plus fort. Rien de tel dans l'idée de guerre juste, qui ne consiste en rien à « recycler l'ordalie ». Ce n'est pas l'issue victorieuse d'un conflit qui le justifie, ce qui serait non seulement une idée immorale, mais une absence d'idée, puisqu'on s'y bornerait à confondre la justice avec le fait.

Il ne s'agit dans cette théorie ni de sanctifier la guerre, ni de la justifier à tout prix, encore moins de voler au secours du vainqueur, mais de se poser la question de savoir s'il peut y avoir dans certains cas une légitimité de la guerre entre nations.

On en débat depuis fort longtemps. Dès les origines du christianisme, on s'est demandé si un chrétien pouvait porter les armes, et par-dessus le marché dans une armée païenne à l'époque. Certains, comme Tertullien, y étaient résolument hostiles, et il existe encore aujourd'hui des Églises pour lesquelles le pacifisme est pratiquement un dogme (les quakers par exemple). Augustin était plus nuancé, et il a essayé de réfléchir sur une question difficile ; et le fondement de sa réflexion, c'est que l'État a le droit et parfois le devoir de défendre des citoyens innocents contre des attaques injustes. Ses idées ont été reprises et développées au Moyen Âge et surtout au XVIe et au XVIIe siècles par le dominicain Vitoria, le jésuite Suarez et le protestant Grotius, dont la pensée a contribué à fonder le droit international. Une guerre n'est jamais justifiée à leurs yeux par son résultat, évidemment, mais par sa cause, qui doit être, pour résumer très succinctement de longues analyses, soit la légitime défense, soit la destruction de l'injustice. De plus, tous les moyens n'y sont pas bons, et c'est une méthode dont il ne faut user qu'en dernier recours.

On peut dire qu'il s'agit plus d'un idéal que d'une réalité, mais c'est un idéal régulateur, qui cherche à limiter l'escalade naturelle de la sauvagerie. Cet idéal n'a rien perdu de son actualité, au contraire il n'en a malheureusement jamais eu autant, témoins les discussions actuelles sur la légitimité des formes modernes de la guerre, et sur la définition de la lutte contre la terreur : est-ce ou non une « guerre » ? Il ne faut pas voir dans ces débats les signes d'un idéalisme abstrait ou d'une hypocrisie de circonstance. Certes, ce n'est pas d'aujourd'hui qu'on est perplexe sur l'idée de lois de la guerre, et il est fort banal de remarquer qu'elles sont souvent violées, ce qui est le sort fréquent des lois. Mais la situation serait-elle améliorée si elles n'existaient pas du tout et si on renonçait à toute idée de régulation de la violence dont on peut user contre la violence ?

B - La pulsion de mort

Ces rappels très simples montrent que cela n'a pas grand sens, c'est le moins qu'on puisse dire, de faire des monothéismes une unique entité maléfique et de mettre les « crimes » de ce Moloch sur le compte d'une inexplicable et générale ivresse du massacre. Onfray connaît pourtant le fin mot de l'énigme : on a affaire à des religions, et « la religion », selon lui, « procède de la pulsion de mort ». C'est pourquoi, répète-t-il à satiété, « le monothéisme tient pour la pulsion de mort, il aime la mort, il chérit la mort, il jouit de la mort, il est fasciné par elle ». Et « avec le christianisme » spécialement, « la pulsion de mort entreprend de gangrener la planète entière... ». Après ça, si on n'a pas compris...

Une notion contestable

Et pourtant il n'y a pas grand-chose à comprendre dans cette litanie. D'abord la notion invoquée n'est pas bien claire. On pourrait admettre, psychanalytiquement parlant, l'ambivalence de la pulsion de mort, et encore... « Tout entière à sa proie attachée », elle ferait désirer aux croyants leur propre mort et celle des autres. Ils s'y plongeraient donc avec délices – à preuve leur horrible style de vie, ou plutôt de non-vie, renoncements, refoulements et mortifications – et seraient plus contents encore de la faire régner sur le monde, moyennant les tueries nécessaires. À nous les grands cimetières sous la lune monothéiste !

Mais si la religion aime tant la mort, comment peut-elle en avoir en même temps aussi peur, puisqu'elle ne procède que de cette peur, comme le soutient ce *Traité* ? On ne voit pas bien, si « la religion » est un rituel conjuratoire de la mort, comment elle peut être en même temps un gigantesque culte de cette même mort. À moins que « les croyants », éternels Gribouilles, ne se jettent dans le gouffre que pour mieux l'éviter ?

Ensuite, on peut douter de la valeur explicative de cette « pulsion ». Onfray l'invoque comme s'il s'agissait d'une vérité première et scientifiquement fondée. Il a d'ailleurs l'air de croire que la psychanalyse est une science du même ordre que la génétique ou que la physique. Or s'il s'agit d'une discipline fascinante et du plus haut intérêt pour la connaissance du cœur humain, elle n'a rien d'une science exacte.

De plus, la pulsion de mort est une des notions les plus controversées de la psychanalyse elle-même, et tous ses adeptes ne l'acceptent pas. Découverte par Freud selon Onfray, elle a bien plutôt été postulée par lui de façon hypothétique, « au-delà du principe de plaisir[1] ». Elle était destinée dans son esprit à rendre compte des conduites d'autodestruction ou de recherche du malheur, en contradiction avec la recherche normale de maximisation du plaisir, ou en tout cas du non-déplaisir. Elle témoigne de son honnêteté intellectuelle, puisqu'il prenait ainsi en compte des données qui démentaient ses premières idées, mais aussi de la difficulté d'une théorisation cohérente de la psychanalyse.

Freud ne se cachait pas le caractère problématique de ce postulat. On sait bien que pour lui « les pulsions sont des êtres mythiques, grandioses dans leur indétermination », car « la théorie des pulsions est pour ainsi dire notre mytho-

1. *Au-delà du principe de plaisir*, 1920.

logie[1] ». Cela ne lui ôte ni toute portée ni tout intérêt, bien évidemment (on peut apprendre beaucoup des mythes), mais cela interdit d'en faire un principe d'explication simpliste et au premier degré.

Une fois de plus, on a affaire dans ce *Traité d'athéologie* à une affirmation plutôt qu'à une démonstration, ou si c'est un argument, il mérite vraiment le titre d'argument massue, car il est plus destiné à assommer le contradicteur qu'à l'éclairer. Car enfin, pourquoi tous ces monothéistes aiment-ils tant à massacrer ? Parce qu'ils sont animés par la pulsion de mort, autrement dit, ils aiment ça parce qu'ils aiment ça, pardi. Chacun sait de la même façon que l'opium fait dormir, du fait de sa vertu dormitive. On aurait aimé une justification moins incantatoire de la montagne d'accusations dont « la religion » se voit ici accablée. Comment accepter cette vision fantasmatique d'une entité déchaînée comme les cavaliers de l'Apocalypse dans les fresques d'antan, et qui ne laisse derrière elle que de grands tas de morts ?

Libre arbitre et responsabilité

Si d'ailleurs on prenait au sérieux cette idée d'une pulsion qui gangrène l'humanité, il faudrait se demander si ceux qu'elle contamine sont vraiment responsables de leurs actes. En tout cas Onfray devrait se le demander, s'il était cohérent avec lui-même. Car il considère que l'idée de libre arbitre et donc de responsabilité fait partie du legs calamiteux du judéo-christianisme : « on n'hérite pas impunément de Moïse et de Jésus », dit-il à ce sujet à propos de l'islam,

1. *Nouvelles conférences sur la psychanalyse*, 1933.

mais aussi de toute la conception occidentale du droit et de la justice. On n'est pas plus responsable de ses tendances criminelles – et de ses passages à l'acte ? – que de ses tumeurs au cerveau, c'est pourquoi il est à la fois inique et absurde de punir violeurs d'enfants (exemple de l'auteur) et autres scélérats.

Que faut-il donc faire d'eux, puisqu'on ne peut évidemment pas les laisser sévir ? Onfray ne le dit pas, mais la logique de sa pensée et de ses exemples suppose qu'au lieu de les châtier, on devrait les soigner. Certains délinquants sexuels se trouveraient bien sans doute d'une aide médicale, mais la psychiatrisation du traitement des déviants est une solution dangereuse, dans la mesure où c'est la société qui définit les déviances. On dira que c'est légitime et indispensable. Certainement, mais tout dépend des principes sur lesquels on se fonde pour cette définition. On se rappelle qu'en URSS l'opposition politique, qui ne pouvait y être qu'une folie en effet, était considérée comme un symptôme de schizophrénie... Il ne suffit pas d'être une société démocratique pour être en soi à l'abri de pareilles dérives, sous des formes plus douces peut-être en apparence, mais non moins préjudiciables à la liberté et donc à la dignité de chacun. Ce qui ne veut pas dire qu'il faille accabler les criminels sous le poids d'une culpabilité absolue – tout dépend d'ailleurs des cas et on ne peut pas généraliser en les traitant tous de malades ou tous de bien-portants parfaitement maîtres de leurs décisions. Mais il faut se rappeler que l'enfer est pavé de bonnes intentions.

Onfray raisonne comme s'il n'y avait d'alternative à un libre arbitre olympien qu'un déterminisme psychologique total. Mais sa pensée, toujours violemment dichotomique, ne peut embrasser que des positions absolues. Si la moindre idée d'une certaine liberté de l'homme, aux prises certes avec maintes déterminations, est encore une trace de l'« épistémè[1] judéo-chrétienne », au diable (encore une expression qui montre qu'on n'arrive pas à se débarrasser de l'épistémè en question !), au diable cette liberté. Sans voir qu'en faisant ainsi de l'homme le jouet de « déterminismes inconscients, psychologiques, culturels, sociaux, familiaux, éthologiques, etc. », et il en passe en effet – qu'en est-il des déterminismes économiques, politiques, historiques ? –, il lui ôte son humanité, ce qui ne risque pas d'améliorer le sort de ceux que la société désapprouve, même à juste titre.

Il sape de plus les fondements de sa propre indignation. Car, pour en revenir au problème qui nous occupe, s'il n'y a que de l'inconscient et du social, pourquoi les croyants, à supposer même qu'ils soient tous criminels, seraient-ils plus coupables que les autres ? Si pulsion de mort il y a, elle doit être irrésistible et pousser à des actes que l'on ne peut juger. « C'est la faute de la fatalité », comme l'a dit ce grand penseur, Charles Bovary.

1. *Traité d'athéologie*, I, III, *2*. L'auteur se sert souvent de cette notion d'*épistémè*, empruntée à Michel Foucault. Ce mot veut dire « science » en grec, mais Foucault désigne sous ce nom un ensemble de notions qui oriente inconsciemment la pensée à un moment donné de l'histoire. On peut dire en très gros qu'il s'agit de la conception du monde d'une époque, à condition de comprendre qu'il s'agit d'un non-dit, ignoré de ceux qui pensent selon telle ou telle épistémè, et accessible uniquement, selon Foucault, par un travail d'analyse qu'il appelle « archéologie. » Voir *Les Mots et les Choses*, 1966, et *L'Archéologie du savoir*, 1969.

C - À qui la faute, à la foi ou aux croyants ?

En fait le problème est malheureusement plus compliqué. Il est ridicule de soutenir que les monothéismes sont par nature assoiffés de sang, mais certains de leurs adeptes ont certainement commis des crimes au cours de l'histoire, j'entends des crimes au nom de leur foi, ou sans que leur foi les en empêche. Il faudrait être ici très précis, et ne pas se lancer dans des vitupérations aussi globales que hasardeuses.

Croisades et Inquisition

Il ne sert à rien par exemple de condamner expéditivement les « croisades » comme s'il s'agissait à l'évidence d'un crime, ce qui est une des pensées toutes faites de notre époque.

Avant de porter un jugement, il faudrait au moins analyser le phénomène. Comme tous les événements historiques de cette ampleur – il y a eu huit ou neuf croisades, du XIe au XIIIe siècle –, elles ont charrié un mélange de bien et de mal qui rend difficile un jugement global. Il ne suffit pas en tout cas de les assimiler à des entreprises coloniales, ne serait-ce que parce que les Turcs, qui occupaient la Terre sainte, s'y trouvaient eux aussi, et depuis peu, par droit de conquête.

En revanche, on peut dire de tel de leurs épisodes, par exemple la prise et le sac de Constantinople, qu'il s'agissait bien d'un crime[1]. Crime politique avant tout, mais dont la

1. En 1204, au cours de la IVe croisade. Crime, et aussi faute, puisque cet événement a contribué à rendre plus difficile la réconciliation des Églises catholique et orthodoxe.

violence fut exacerbée par des tensions religieuses. Mais dans un tel cas, et dans celui de tous les crimes, fautes, erreurs et aveuglements que l'on pourrait énumérer, s'agit-il de fautes collectives des « monothéismes », c'est-à-dire en réalité des croyants qui devraient en porter indéfiniment la responsabilité et pourquoi pas la punition ?

On sait que l'humanité a mis beaucoup de temps à se dégager de l'idée de culpabilité collective, et à trouver inique que les crimes des pères retombent sur les enfants – même si on aurait dû le savoir depuis la protestation d'Ézéchiel[1] il y a seulement vingt-six ou vingt-sept siècles. Cette notion a fait trop de ravages, en particulier lorsque les chrétiens ont fait peser sur les juifs la responsabilité collective d'un « déicide[2] » dont le concept est aussi monstrueux humainement que théologiquement pour qu'on l'applique à aucun groupe humain.

Mais si l'on refuse, comme on doit le faire, de condamner en bloc la foi ou les actes qu'elle inspire, à travers les âges et les continents, peut-on se contenter de dénoncer la responsabilité personnelle des différents croyants dans tel et tel cas ? Certes il y en eut beaucoup qui ne furent pas à la hauteur des exigences de leur croyance, et d'ailleurs qui peut se dire rigoureusement fidèle au Décalogue ou au Sermon sur la montagne ? En dehors même des « monothéismes », ceux qui professent une religion ou un idéal

1. Ezéchiel, chapitre 18 : « Un fils ne portera pas la faute de son père ni un père la faute de son fils : au juste sera imputée sa justice et au méchant sa méchanceté. » Voir aussi 33, 10-20.

2. Un des grands mérites du concile Vatican II a été de rejeter nettement cette accusation (*Nostra aetate* 4), et de rappeler la doctrine, traditionnelle mais trop oubliée parfois, que le Christ n'est pas mort à cause des Juifs, ni d'ailleurs des Romains ou de quelque peuple que ce soit, mais « à cause des péchés de tous les hommes ».

manquent souvent aux préceptes qu'ils reconnaissent pourtant. Ce n'est pas nécessairement de l'hypocrisie, c'est dans la nature même de l'homme, qui par définition ne pratique pas spontanément la loi morale (sinon elle n'apparaîtrait pas comme « loi »). « Je ne fais pas le bien que j'aime, et je fais le mal que je hais », comme le disent, on le sait, aussi bien païens et chrétiens, Ovide que saint Paul[1].

Si vraies que soient ces considérations, elles ne suffisent pas cependant à excuser des fautes qui ne peuvent se réduire, au vu de leur retentissement, à une somme d'erreurs ou d'égarements individuels. En ce qui concerne le christianisme, que l'on songe par exemple aux dégâts causés encore de nos jours par le souvenir de l'Inquisition. Même si celle-ci est devenue un mythe composé surtout d'images hautement fantaisistes et de statistiques sans grand rapport avec la réalité historique, les catholiques paient quand même aujourd'hui le fait qu'aient existé dans l'Église des tribunaux en matière de doctrine, et qui faisaient appel au bras séculier, c'est-à-dire, en bon français, qui usaient de la torture et avaient recours aux bûchers, ce qui nous paraît à juste titre intolérable. Et inutile de dire que d'autres ont fait mieux : les procès de Moscou n'excusent pas les autodafés.

Solidarité et repentance

Cet exemple met en lumière le fait que les membres d'un groupe, d'une famille, d'un pays, d'une Église ont un lien avec ceux qui les ont précédés et qu'ils doivent tenir compte de ce qu'ils leur ont légué, en mal comme en bien. Les croyants qui partagent avec leurs pères une même foi

1. *Métamorphoses*, 7, 20 ; Romains 7, 15-20.

doivent reconnaître que ces derniers n'ont pas toujours compris les exigences de cette foi, à condition de bien se garder de croire, eux, avoir enfin tout compris. Il s'agit d'une « solidarité dans le temps » ou d'une « sorte de dimension historique de la conscience », selon des expressions du cardinal Etchegaray. Solidarité et distance, car il faut être déjà un peu loin d'une époque pour en voir apparaître les fautes ou les limites (et aussi les vertus, mais c'est une autre question). Dans telle société, à tel moment, tout le monde considère comme allant de soi des attitudes ou des pratiques dont le caractère insupportable sautera peut-être aux yeux des générations suivantes, et ce n'est pas vrai seulement des croyants. Il faut être de son temps, dit-on. Comme si on ne l'était pas toujours, et pas toujours pour le mieux !

C'est ce qui explique que l'Église ait pu poser au début du troisième millénaire[1] des actes de « repentance » pour ses fautes passées. Ils comportaient entre autres une demande de pardon pour les violences commises au nom de la défense de la vérité. Cette démarche risque d'être mal comprise, comme une autoflagellation inutile ou une nouvelle forme de bien-pensance, ou même pas comprise du tout, si on n'y voit qu'une manière aisée de s'absoudre en principe de fautes que l'on continuerait à commettre en fait, qu'il s'agisse de l'intolérance, du sexisme ou de l'antisémitisme par exemple.

En réalité, c'est une démarche essentiellement religieuse, et qui suppose que l'homme se reconnaisse pécheur devant Dieu, pour user d'un langage « monothéiste ». Elle implique

1. Liturgie du 12 mars 2000. cf. le document de la Commission théologique internationale, *Mémoire et réconciliation : chrétiens et les fautes du passé*, disponible sur le site du Vatican.

l'idée que les péchés ne sont pas seulement ponctuels, mais que le péché est une possibilité permanente de l'homme. Transgression de la loi du bien ou, pire, recherche du bien qui donne des résultats tout contraires à ceux que l'on croit poursuivre, trahison de la vérité que l'on imagine servir, préférence forcenée du pouvoir, complaisance en soi, esprit de faction, cruauté et bêtise : dans les affaires humaines, le pire n'est pas toujours sûr, mais il est hautement probable. Et être le gardien des choses les plus saintes n'empêche pas forcément de les méconnaître et même d'en abuser.

Il existe donc une tendance lourde et trop constatable à ce que les choses tournent mal, aussi bien dans la vie des individus que dans celle des nations et des sociétés. C'est pourquoi les institutions, même bonnes, ne peuvent subsister qu'en se réformant, y compris l'Église, *semper reformanda* (toujours à réformer) selon le vieil adage. Cette tendance, la théologie chrétienne l'a appelée péché originel, proposant ainsi une doctrine sans doute plus incomprise encore que toutes les autres et dont on a la plupart du temps aujourd'hui une idée caricaturale.

Ce péché de l'origine n'a rien à voir avec la sexualité, il n'y est pas question de pomme, et d'ailleurs le terme « originel » lui-même est fâcheux, et sans doute « inexact »[1], mais sa valeur phénoménologique de description de ce qu'il y a de tordu dans la condition humaine est certaine. En préciser théologiquement la notion est sans doute une tâche ardue, mais tant qu'à faire des hypothèses transcendantales sur le fonctionnement de l'humanité, cela vaut quand

1. Joseph Ratzinger, *Au commencement Dieu créa le ciel et la terre*, Fayard, 1986, p. 81. L'allemand est encore plus cru que le français, en parlant de « péché héréditaire », *Erbsünde*, ce qui n'a évidemment pas grand sens.

même mieux que la pulsion de mort. Car on suppose au moins là, comme le voit fort bien Onfray, et c'est ce qu'il rejette avant tout, que l'homme est doué de liberté. Non certes d'une liberté sans entraves, d'un libre arbitre pur : il s'agit d'une liberté entravée au contraire, mais d'une liberté tout de même. Une liberté, et donc une responsabilité, et non une pulsion à qui on ne peut pas plus demander de comptes qu'aux chutes du Niagara.

D - Haro sur le christianisme !

Des comptes, on pourrait donc en demander aux monothéistes, s'ils avaient sur les mains tout le sang que leur attribue Onfray, et s'ils se définissaient par ce sang, comme il s'en persuade à défaut d'en persuader son lecteur. Aux monothéismes ? Ou plutôt – car il est temps de débusquer la vérité d'un discours qui se cache derrière ce concept élastique et trop commode – non pas aux monothéismes, mais à l'un d'entre eux, le christianisme. Et très précisément le catholicisme, le « Vatican » (crédité d'une antiquité surprenante[1]) comme dit constamment notre auteur, qui oublie souvent qu'il devrait attaquer sur trois fronts, et qui se concentre sur celui-là, responsable de toutes les catastrophes à ses yeux.

Il semble d'ailleurs ignorer qu'il existe d'autres formes du christianisme : le protestantisme lui est tout étranger, et

1. Après tout, les papes ne résident sur cette colline romaine que depuis la fin du XIVe siècle. Quant à la Cité du Vatican, elle n'existe que depuis les accords du Latran de 1929.

quant à l'Église orthodoxe, elle est plus loin pour lui que la planète Mars. Mais le pape, le « premier des chrétiens », et donc le plus néfaste, suffit à sa rage. Ce personnage consternant serait le modèle rêvé de tous les dictateurs, puisqu'il se donne comme infaillible[1]. Et en la personne de Pie XII[2], il aurait atteint des sommets dans l'infamie, puisqu'il serait soi-disant allé jusqu'à une complicité active avec le nazisme. Mais cela s'explique parfaitement, selon notre *Traité*, qui croit voir de nombreux points communs au christianisme et au nazisme, surtout « la détestation des juifs » et finalement la haine de tous les non-chrétiens.

1. Il est fastidieux, mais sans doute nécessaire, de rappeler que l'infaillibilité pontificale, dont la proclamation ne date que du concile Vatican I (1870), ne concerne que l'enseignement du pape sur la foi et les mœurs, et seulement lorsqu'il enseigne *ex cathedra*, c'est-à-dire solennellement, en tant que « pasteur de tous les chrétiens », c'est-à-dire très rarement en fait. Elle ne signifie pas que la moindre de ses paroles soit vraie, ni que toutes ses décisions soient louables, ni qu'il soit l'équivalent d'un « chef » infaillible.

2. L'attitude de Pie XII pendant la Seconde Guerre mondiale est un sujet qui a été traité jusqu'à plus soif. Malheureusement c'est un cas où la passion et, il faut bien le dire, la calomnie font rage. Même si on regrette le silence du pape sur la Shoah (partagé par tous les plus hauts responsables politiques de l'époque, mais ce n'est pas une raison), on ne peut d'aucune manière transformer ce silence en approbation, et encore moins en complicité. Des historiens sérieux ont réfuté point par point les diverses infamies imputées à Pie XII, mais en pure perte apparemment. Comme l'a dit l'un d'entre eux, nous avons gagné toutes les batailles, mais perdu la guerre, la guerre de l'image bien sûr. La preuve, c'est qu'Onfray ne s'informe sur la question qu'auprès de Daniel Goldhagen, auteur plus passionné que véridique, dont il reprend pourtant toutes les allégations comme si elles étaient incontestables et incontestées, ce qui est loin d'être le cas. Voir par exemple Pierre Blet, *Pie XII et la Seconde Guerre mondiale*, Perrin, 2005, et Ronald J. Rychlak, *Hitler, the War and the Pope*, Genesis, 2000.

Bourreaux et martyrs

Le catholicisme est vraiment depuis toujours l'« ennemi du genre humain », à en croire Onfray : Tacite avait bien raison[1]. On le voit bien quand le nazisme, avec la bénédiction pontificale évidemment, n'assassine pas seulement les juifs, mais toutes sortes de « gens » qu'il désapprouve ou qui lui résistent, et qui sont tous apparemment « coupables de ne pas être très chrétiens »... Sous-entendu, s'ils l'avaient été, Hitler n'aurait pas touché un cheveu de leur tête. Ici Onfray se surpasse, en niant purement et simplement, pour les besoins de sa passion, le fait avéré que se sont mêlés dans les camps et les geôles nazis « ceux qui croyaient au ciel » et « ceux qui n'y croyaient pas ».

Mais on ne va pas faire ici de comptabilité et enfermer les victimes dans des boîtes idéologiques. D'autant plus que s'il y avait plus d'incroyants que de croyants de toute confession parmi ces morts, ce qui est vraisemblable du point de vue de la sociologie religieuse, Onfray en profiterait sans doute pour triompher. On peut le croire en tout cas à le voir chipoter sur le nombre des martyrs chrétiens, qu'il faut revoir « à la baisse » contre l'historiographie catholique.

Ainsi, non seulement les chrétiens auraient massacré à tour de bras, mais ils n'auraient pas, eux, été tellement massacrés que ça. C'est presque dommage, puisque moins il y en a, mieux on se porte. C'est ce que semble impliquer en tout cas l'approbation de la Terreur comme « un des rares moments dans l'histoire occidentale où le christianisme a été mis à mal ». « Les chrétiens aux lions », je veux dire à la

1. *Annales* XV, 44, qui raconte la persécution des chrétiens, convaincus de « haine du genre humain » après l'incendie de Rome sous Néron.

guillotine ! Le seul inconvénient, c'est qu'on ajoute alors au nombre des martyrs, que la propagande de l'Église va s'empresser de récupérer. Ces catholiques sont si rusés qu'ils gagnent sur tous les tableaux.

Sérieusement, on ne comprend pas qu'un homme qui se donne pour philosophe puisse s'abaisser à des considérations de cette nature. Car si le problème du nombre des martyrs des premiers siècles relève de l'histoire et non de la polémique – personne de toute façon ne défend l'idée de la vérité littérale du genre hagiographique et nul n'est obligé de croire que « onze mille » vierges aient accompagné sainte Ursule –, il n'est pas admissible dans une discussion de se jeter un plus ou moins grand nombre de victimes à la tête. Une fois de plus, ce n'est jamais un argument, et cela ne prouve rien pour ou contre la vérité d'une doctrine quelconque.

De plus, un seul mort, de quelque bord qu'il soit, est un mort de trop. J'en dédie un exemple à Onfray, car il n'aurait pas dû l'oublier dans la panoplie rageuse de ses arguments, celui d'Hypatie (370-415). Cette jeune femme, philosophe, mathématicienne, païenne, qui enseignait à Alexandrie, y fut assassinée au début du Ve siècle, à l'instigation de moines fanatiques. Mais qu'ils n'aient tué là qu'une seule personne ne rend pas ce meurtre moins répugnant. Ainsi, même s'il n'y avait eu qu'un seul martyr dans l'Antiquité...

Enfin il ne faut quand même pas oublier, si l'on tient à compter les martyrs, que le siècle qui en a vu le plus grand nombre n'est autre que le XXe (et le XXIe n'a pas l'air tellement bien parti de ce point de vue). Salauds de chrétiens, de toutes confessions et de tous pays, qui sont allés se faire tuer en quantité pour gonfler les statistiques de la propagande cléricale. On le voit bien au portail central d'une église qui n'est même pas catholique, Westminster Abbey, où dix martyrs originaires des cinq continents les symbolisent : Élisabeth de Russie, Manche Masemola, Maximilien Kolbe, Dietrich Bonhoeffer, Wang Zhiming, Oscar Romero…

Qu'il soit permis de remarquer pour conclure que, si les accusations d'Onfray étaient seulement grotesques, elles ne mériteraient pas qu'on y prête attention. Peut-on honnêtement croire que, si on était débarrassé du « Vatican », on entrerait par là même dans une ère de paix, d'hédonisme et de prospérité ? Mais ces perfidies sont dangereuses, parce qu'elles nourrissent la haine, dont il ne peut sortir rien de bon.

Hitler, « disciple de saint Jean » ?

Et tout de même, il est difficile de prétendre que les grands massacres du siècle dernier sont dus au déchaînement des monothéismes, et du christianisme en particulier. Pour y arriver, il faut se livrer à un étonnant tour de passe-passe, exemple inégalé de « sophisterie ». Il faut en effet résolument ignorer les immenses ravages des idéologies totalitaires et des régimes qu'elles ont inspirés, en passant le marxisme-léninisme sous silence et en rendant le catholicisme responsable du carnage nazi.

Ainsi, sous le seul prétexte que Hitler cite avec éloge le fouet qui sert à chasser les marchands du Temple dans l'évangile de Jean, le Führer est-il promu « disciple de saint Jean », comme Onfray l'affirme sans vergogne. Une telle monstruosité devrait se réfuter d'elle-même dans l'esprit de tout lecteur sensé. Voici cependant quelques précisions s'il en est besoin.

Le fouet en question est pour Onfray un signe de la violence de Jésus, dont on trouve selon lui des indications dans d'autres passages du Nouveau Testament, par exemple quand le « héros » des croyants s'oppose aux pharisiens, annonce les derniers temps ou déclare : « Qui n'est pas avec moi est contre moi. » Autant de signes qu'il « ne se comporte pas toujours en gentleman », nous dit l'auteur dans son style inimitable, malgré la « douceur » dont on le créditerait ailleurs dans les évangiles. Douceur qui est ici de l'ordre du cliché, mièvrerie « charitable », et par-dessus le marché « éloge des simples d'esprit[1] » ! Violence, si violence il y a, qu'il est impossible de confondre avec une incitation à la tuerie ou une justification du meurtre.

Si l'on considère l'épisode des marchands du Temple (non la « parabole », comme dit Onfray, qui a tendance à tout mélanger), est-il besoin de dire que Jésus n'y massacre personne ? De plus, s'il s'en prend à ces vendeurs, ce n'est pas parce qu'il serait hostile au commerce ou à la banque en général, hypothèse purement gratuite, mais à cause du lieu où ils exercent leur activité, parce qu'il considère que c'est là une profanation de la « maison de son Père ». Il est possible que Hitler ait vu dans ce passage, incompris, isolé de son contexte et tiré dans le sens de l'antisémitisme, de quoi flatter l'anticapitalisme sommaire de son national-socialisme et la rage de sa haine des Juifs.

Mais de là à prétendre que ce « fouet métaphorique permet au dialecticien et au rhéteur déterminé de légitimer » la solution finale – « les chambres à gaz peuvent s'allumer au feu de saint Jean », ose écrire Onfray –, il y a un abîme tellement énorme qu'on se demande comment il a pu le franchir. Qui est ici le rhéteur et le dialecticien, sinon celui qui tire des conclusions aussi damnables de prémisses aussi minces ?

1. C'est-à-dire, en bon français, des idiots. Mais ce n'est pas la bêtise qui définit la « pauvreté en esprit » (Matthieu 5, 3) ou la simplicité de cœur à qui Dieu se révèle (Matthieu 11, 25).

Il reconnaît lui-même que c'est ce qu'il appelle une « logique du prélèvement » qui serait à l'œuvre dans cette justification du nazisme par une référence à l'Évangile. Il entend par là une méthode qui permet de justifier tout ce qu'on veut à coups de citations sorties de leur contexte. D'après lui, c'est une manière ordinaire pour les croyants d'user de l'Écriture, puisqu'ils absolutisent la Bible : « La Bible est Vraie, écrit-il, donc chacun de ses fragments l'est aussi, une phrase prélevée également. »

Ce qui est fâcheux pour son argumentation, c'est que cette méthode n'est en rien la règle de lecture de la Bible, sauf chez certains fondamentalistes. Elle est étrangère à la grande majorité des protestants, et parfaitement contraire aux principes d'interprétation recommandés par l'Église catholique. Il suffit de consulter le document consacré à cette question par la Commission biblique pontificale[1]. Il contient un passage très clair et argumenté (point F) qui traite de la lecture fondamentaliste de la Bible. Il reproche à cette dernière ce qu'Onfray reproche précisément à la théorie du prélèvement : prendre les textes à la lettre dans le plus petit détail, oublier que leurs auteurs avaient leurs limites et que la parole de Dieu a été exprimée dans le langage et la phraséologie de telle et telle époque. Le fondamentalisme est pour la commission, qui ne mâche pas ses mots, une manière idéale de ne rien comprendre aux textes bibliques : il pratique un type de lecture, dit-elle, qui mène à « une forme de suicide de la pensée ».

Dommage qu'Onfray ignore ce texte excellent, et ne connaisse que cette utilisation des livres saints qui permet de leur faire dire tout et n'importe quoi. Il la condamne à bon droit. Mais pourquoi alors y a-t-il lui-même recours ?

1. *L'Interpretazione della Bibbia nella Chiesa*, 1993, consultable sur le site du Vatican.

Car enfin, n'est-ce pas un « prélèvement » que de justifier sa position en se fondant sur le fragment d'un fragment d'un épisode évangélique ? Et on n'en est plus à Pie XII ici, mais au fondement du message chrétien, dont l'évangile de Jean est un des plus hauts témoins.

Si son auteur avait pu avoir un « disciple » aussi monstrueux que Hitler, c'est donc que son œuvre aurait contenu les germes du nazisme. Il faudrait quand même plus que ce fouet dit métaphorique pour étayer une accusation aussi grave. On pourrait être plus gêné par la manière dont le récit johannique de la Passion mentionne les « Juifs » tout court parmi les adversaires de Jésus. Mais il faut comprendre qu'elle reflète l'état des rapports de l'Église naissante et de la Synagogue à l'époque de la rédaction du texte, et qu'il ne s'agit pas d'une vérité intemporelle[1]. Sinon, on ferait de ces passages une lecture précisément fondamentaliste. Il ne faut pas oublier par exemple que, pour le même Jean, « le salut vient des juifs[2] ».

De toute façon, Hitler n'a pas, que l'on sache, déduit son action de l'ensemble de la pensée johannique, ce qui aurait été nécessaire pour faire de lui un « disciple de saint Jean », et lui aurait évidemment interdit d'être nazi ! Les bribes confuses d'un enseignement chrétien qui pouvaient subsister dans son cerveau ne l'empêchaient pas d'être foncièrement antichrétien, et surtout anticatholique. Ce n'est pas parce qu'il admirait, comme Maurras, la capacité de l'Église à traverser les vicissitudes des siècles – après tout, il voulait fonder lui-même un Reich qui durerait mille ans – qu'il était prêt à accepter son message. Au contraire, c'était une concurrente et une

1. Voir sur cette question les travaux de Raymond E. Brown, l'un des exégètes les plus renommés de notre époque, par exemple *The Death of the Messiah*, 1994, et *A Crucified Christ in Holy Week. Essays on the Four Gospel Passion Narratives*, 1986.

2. Comme le dit le Christ à la Samaritaine en Jean 4, 22.

ennemie qu'il fallait tâcher d'éliminer. Comment peut-on parler, comme Onfray, d'un « mariage d'amour entre l'Église catholique et le nazisme » ? Cette formule écœurante aurait bien surpris, c'est le moins qu'on puisse dire, tous les prêtres qui se sont retrouvés à Dachau et autres lieux également plaisants.

Lorsque Hitler a tenté d'instrumentaliser une Église, c'est du côté du protestantisme qu'il a regardé. Il voulait l'unifier dans le Reich en une Église de « Chrétiens allemands », déjudaïsée naturellement, qui aurait été à sa botte. Certains pasteurs se laissèrent envoûter, mais la tentative échoua parce qu'on n'en trouva pas assez pour consentir à une pareille trahison. Dès 1934, la « déclaration de Barmen », inspirée par le grand théologien protestant Karl Barth, s'y opposait formellement. C'est ce qui explique le texte de Speer cité à la fin du *Traité d'athéologie* (Bibliographie § 4) : Hitler y désespère de trouver un interlocuteur valable pour « faire de l'Église évangélique l'Église officielle », mais il ne songe nullement au catholicisme. De nouveau victime (façon de parler !) de sa fixation sur le « Vatican », Onfray ignore une fois de plus les églises de la Réforme, et ne comprend pas de quoi il s'agit.

Quant à Staline, Mao, Pol Pot, Mengistu, Enver Hoxha, ces grands chrétiens, Onfray omet sans doute de les considérer parce que leur foi n'a pas dû lui sauter aux yeux et qu'il ne peut donc se servir d'eux pour accabler son principal ennemi. Est-ce leur idéologie officiellement et agressivement athée qui leur vaut ce silence retentissant de la part d'un auteur prompt à la diatribe ? Mais excuserait-il donc, sous le prétexte que le marxisme relève pour lui des Lumières, les millions de morts, sans exagération rhétorique cette fois-ci, qu'on leur doit ? Il n'en souffle mot en tout cas. N'était-ce pas l'occasion ou jamais pourtant d'étudier pour de bon la pulsion de mort ?

II

HAINE DE L'INTELLIGENCE ?

Obscurantisme, irrationalisme, haine des livres, détestation du savoir, hostilité vis-à-vis de la science, et quasiment ruine de la civilisation, voilà ce que l'on doit aussi au noir rayonnement du monothéisme, qui met au premier rang de ses haines la « haine de l'intelligence ». Et nous voici aux prises avec une resucée enragée des vieux arguments anticléricaux et antireligieux des catéchismes républicains d'antan. Emporté là aussi par la passion, l'auteur perd toute mesure et court de généralisations intempérantes en conclusions absurdes, encore moins soutenables, si c'est possible, que ses précédentes accusations.

A - L'Écriture, ennemie de la science ?

Commençons pas le commencement : c'est la faute de la Bible, qui inspirerait aux monothéismes (au moins à deux d'entre eux) rien de moins qu'une « haine de la science ». La Genèse, avec l'interdiction de manger de l'arbre de la connaissance du bien et du mal (Génèse 2, 17), et saint Paul, en annonçant aux Corinthiens que la science disparaîtrait (1 Corinthiens 13, 8), inaugurent, paraît-il, des siècles d'obscurantisme, où la « religion catholique », quand ce n'est pas le « Vatican », bien sûr, « entrave » tout bonnement la « marche de la civilisation occidentale ».

Mais laissons de côté cette idée extravagante, et lisons d'un peu plus près les textes incriminés : la « connaissance » (*da'at*) ou la « science » (*gnôsis*) dont ils parlent ne peuvent en aucun cas avoir le sens de science dans l'acception moderne du terme. D'abord parce que la science est précisément une réalité moderne, née au XVIIe siècle, dont on trouverait difficilement la condamnation ou l'interdiction dans des textes vieux de deux ou trois millénaires. Ensuite parce que ni Paul ni l'auteur de la Genèse ne pensent même à la connaissance en général.

Les exégètes de Génèse 2, 17, juifs ou chrétiens ou athées s'accordent pour dire qu'il s'agit dans ce texte célèbre, mais difficile et souvent incompris, d'une connaissance de type moral ou existentiel. Quant à Paul, sa *gnôsis* n'a rien à voir avec la connaissance rationnelle et abstraite : elle est liée à ces charismes pittoresques, et pour nous étranges, chers aux Corinthiens auxquels écrit l'apôtre, comme les « prophéties » et le « parler en langues » ; il les considère comme secondaires et voudrait en désenvoûter ses interlocuteurs au profit de la seule chose qui compte, l'amour. Ce fragment de verset appartient en effet à l'« hymne à l'amour », un des passages les plus fameux du corpus paulinien. On n'a pas le sentiment qu'Onfray s'en aperçoive et tienne le moins du monde compte de ce contexte quand il en isole un petit morceau, selon une parfaite « logique du prélèvement » qu'il devrait pourtant s'interdire. Mais peut-être ne l'a-t-il pas remarqué ?

Pour une saine lecture de la Bible

À vrai dire, il aborde l'Écriture en général dans tout son livre d'une façon remarquablement simpliste, et il semble ignorer les règles les plus élémentaires d'une saine herméneutique. On pourrait le chicaner sur sa bibliographie, construite à la va comme je te pousse et souvent datée, mais il y a pire. Il lit la Bible, on l'a vu, à la manière d'un fondamentaliste, comme si elle n'avait pas mis des siècles à se constituer, siècles dont il nous rebat pourtant les oreilles, et sans tenir compte des genres littéraires des différents livres qui la composent. On ne lui demande pas une lecture croyante de la Bible, où les textes s'appellent, se répondent, se modifient les uns les autres, on attend encore moins de lui une lecture spécifiquement chrétienne où le Christ est la clé de l'Écriture, mais on voudrait qu'il exerce au minimum cette « impitoyable lecture historique » qu'il appelle de ses vœux, alors qu'elle existe déjà depuis quelque deux cents ans.

Cela lui éviterait de croire qu'il a découvert « les contradictions des Écritures ». Comme si personne avant lui n'avait remarqué qu'il y a deux récits complètement différents de la création dans la Genèse, ou quatre évangiles dont les données ne sont pas conciliables à la lettre. Bien avant même qu'existât une exégèse historico-critique, le débat était ouvert. Ainsi on assiste dès le IIe siècle à des tentatives pour harmoniser les récits évangéliques. Tatien par exemple se rendit célèbre par son *Diatessaron*, qui les combinait tous en une narration unique. Mais ce qui est intéressant, c'est que cette entreprise ne réussit pas à s'imposer, malgré son caractère apparemment raisonnable. Elle fut récusée par l'Église, qui préféra consciemment garder, avec les quatre évangiles canoniques, quatre points de vue distincts sur Jésus, les facettes d'un grand diamant, dit Raymond Brown. Irénée (v. 140-200) par exemple insiste sur l'intérêt d'avoir quatre formulations différentes d'un message inspiré « par un unique Esprit[1] ».

Au IVe siècle, on voit des dames romaines poser à saint Jérôme des questions pointues sur la compatibilité de certains passages des Écritures, ce qui montre que ces chrétiennes pratiquaient une lecture attentive et intelligente des textes sacrés. Elles s'adressaient à Jérôme parce qu'il était le plus compétent en la matière à leur époque, et il s'efforçait de leur répondre de son mieux. Onfray trouve quand même le moyen de l'accuser de malhonnêteté intellectuelle, à propos de la Vulgate. On peut lui faire tous les reproches qu'on veut, car il était loin d'être sans défauts, sauf justement celui-là[2].

Quant aux premiers chapitres de la Genèse, ils ont exercé la sagacité des commentateurs depuis la plus haute Antiquité, et je parle des commentateurs croyants. Il serait trop long d'entrer dans le détail de leurs réflexions, mais on peut noter que le caractère mythique des récits de la création n'a pas échappé à bon nombre d'entre eux, mythique non pas au sens de non vrai, mais au sens de non littéral dans tous

1. *Contre les hérésies*, III, 11, 7-9.

2. Sa grande traduction de la Bible, la Vulgate, n'a pas été, comme il est dit ici, « fabriquée avec le texte hébreu », mais précisément traduite d'après ce texte. On sait que Jérôme avait appris l'hébreu pour pouvoir transmettre aux chrétiens de langue latine ce qu'il appelait l'*hebraica veritas*, autrement dit pour leur fournir le texte le plus fidèle possible. Comme c'était d'autre part un remarquable styliste, sa traduction eut la fortune que l'on sait.

les détails. C'est le cas de Philon d'Alexandrie chez les Juifs, et chez les chrétiens, pour ne citer que quelques noms, de saint Jérôme (encore lui), de saint Grégoire de Nysse, de saint Augustin.

Ce dernier ne croit pas par exemple que les six jours de la création soient six journées ordinaires. Il développe cette idée, et bien d'autres du même genre, dans un commentaire de la Genèse qui se présente comme « littéral », ce qui ne veut pas dire qu'il prend le texte à la lettre, mais qu'il essaie d'en saisir le vrai sens. Il y déclare expressément que rien n'est plus nocif à la compréhension et à la réputation des textes sacrés que de laisser croire qu'ils s'opposent à ce qu'on peut savoir avec certitude « sans être chrétien, par la raison et l'expérience[1] ».

La vérité sur Paul

On est fort loin de la « haine de la science », et Onfray est moins raisonnable encore que les Corinthiens quand il prétend voir dans les quelques mots de Paul, qu'il cite à contresens, la définition d'une hostilité de principe à la démarche rationnelle. Paul aurait même « appelé », selon lui, « à tuer la science », ce qui n'est plus une citation, mais une glose tendancieuse qui ne veut pas dire grand-chose au demeurant, et il aurait ainsi contribué au triomphe « de la pulsion de mort lancée contre le vivant des recherches ». On admirera la formule merveilleusement tarabiscotée qui permet à l'auteur de réintroduire sa fameuse « pulsion », à l'œuvre dans l'obscurantisme invétéré du « Vatican ».

1. *De Genesi ad litteram, La Genèse au sens littéral*, livre I, ch. 19, § 39.

Il faut dire que cette « peste » de Paul, comme l'appelle un de ses adversaires dans un épisode des Actes des apôtres (Actes 24, 5), suscite chez Onfray une furie qui ne connaît pas de limites, surtout pas celle du bon goût. Le chapitre qu'il lui consacre (III, 2) est un chef-d'œuvre en ce sens. Il fait d'ailleurs honneur à ses capacités romanesques, puisqu'il affirme allègrement de Paul bien plus de choses qu'on n'en sait réellement (il faut dire que cela arrive souvent dans la littérature consacrée à l'apôtre, parce que sa vie est fascinante et qu'elle comporte nombre d'énigmes), il en invente même hardiment. Il peint ainsi un portrait particulièrement répugnant de cet avorton[1] névrosé, hystérique, masochiste et misogyne, qui aurait détesté la sexualité parce qu'il était impuissant, et l'intelligence et le savoir parce qu'il était inculte. La première allégation est gratuite, et la seconde carrément fausse.

On se demande simplement comment une créature pareille aurait jamais pu avoir la moindre influence sur qui que ce soit. Et comment il aurait pu imaginer et imposer comme Seigneur un être aussi « falot » que Jésus, choisi on ne sait pourquoi dans une époque qui « fourmillait d'individus de son acabit », c'est-à-dire de « fous illuminés » ou d'« hystériques convaincus de l'excellence de leurs vérités grotesques ».

Mais il est vrai qu'il ne prêchait qu'à des auditeurs pas bien malins, de « petites gens » fort accessibles à sa « démagogie » – et non à un public convenable et cultivé « d'intel-

1. Ça, c'est la faute de Paul, qui se traite lui-même d'avorton, ce que beaucoup semblent prendre à la lettre, comme s'il donnait une description de son apparence physique. On peut peut-être éclairer les lanternes en citant le contexte : « [Le Christ] m'est apparu à moi aussi, comme à l'avorton. Car je suis le moindre des apôtres [...] parce que j'ai persécuté l'Église de Dieu. » (I Corinthiens 15, 8-9.)

lectuels, de philosophes, de gens de lettres », comme Onfray l'écrit sans rire. Bref, des croyants nuls, comme tous ceux qui leur ont succédé, adhérant de plus à une foi nulle, vide de tout contenu un peu consistant, et inventée de toutes pièces par Saul de Tarse ?

Paul est-il donc en réalité le fondateur du christianisme ? Aucun historien sérieux, croyant ou non, ne soutient plus guère cette vieille thèse aujourd'hui. Mais si on devait l'accepter, on serait alors encore plus étonné que soit sortie de ces « délires d'un hystérique » sur un autre hystérique la plus rationaliste sans doute des religions.

B - Le rationalisme, essence du christianisme

Rationaliste, le christianisme ? Eh oui, et cela ne peut étonner que ceux qui ne le connaissent que par pré/jugé, ou qui réduisent « rationalisme » à être un synonyme d'athéisme. C'est parfois le cas, mais il s'agit alors d'un détournement de concept, où on préjuge de la conclusion nécessaire de la démarche rationnelle. Ce n'est pas l'idée que se font d'elle les chrétiens. Loin de vouloir lui tordre le cou et « tuer la science » pendant qu'ils y sont, on peut soutenir sans paradoxe qu'ils sont parmi les derniers rationalistes dans un monde en proie au relativisme – du postmodernisme qui en est une forme raffinée au kaléidoscope de points de vue contradictoires qui se bousculent dans beaucoup de têtes. Ce n'est pas en général une position philosophique bien assurée, mais plutôt une sorte de je-m'en-foutisme intellectuel, on ne se mouille pas, on verra ça un autre jour – consensus mou qui ne dérange personne. C'est un point à mettre d'ailleurs au crédit d'Onfray que de prendre parti, même brutalement, comme il le fait dans sa conclusion où il appelle au « combat » « pour défendre les valeurs des Lumières », car il récuse ainsi au moins un relativisme où tous les discours se valent – et donc où aucun ne vaut.

Le christianisme n'est pas rationaliste par raccroc, il l'est constitutionnellement, si on peut dire. C'est sans doute la seule religion où Dieu, le Logos qui était « au commencement », soit la Raison en personne. « *In principio erat Verbum* – au commencement de toutes choses il y a la force créatrice de la raison. » C'est « la conviction fondamentale de la foi chrétienne » [...] « dans le christianisme, la rationalité est devenue religion »[1]. Il ne s'agit pas là d'une accommodation récente au « progrès » de la pensée, mais d'une constante de la foi. Comme le montre la référence au Prologue de Jean, c'est une position aussi ancienne que le christianisme, et que l'on voit d'ailleurs affirmée dès les premiers siècles, par exemple chez Justin, « philosophe et martyr », pour qui tous les hommes participent au Christ *parce qu'*ils participent au logos, à la raison.

C'est l'occasion de rappeler que Tertullien n'a jamais prononcé le mot inepte qu'on lui attribue à tort, « *credo quia absurdum* », « je crois parce que c'est absurde », qui résumerait ce que c'est que croire au sens religieux du terme. Non, Tertullien n'a pas anticipé Onfray en donnant une formule de l'ineptie intellectuelle des croyants. Il se méfiait sans doute de la philosophie païenne à une époque

1. Joseph Ratzinger, *Vérité du christianisme*, conférence prononcée à la Sorbonne le 27 novembre 2000. *La Documentation catholique*, n° 2217.

où le christianisme avait besoin de s'affirmer[1], mais ce n'était pas un irrationaliste, contrairement à une légende qui a la vie dure. On a déformé ainsi un passage consacré au mystère de l'Incarnation, qui n'était pas irrationnel pour Tertullien. Son but était au contraire d'y montrer que, si paradoxal qu'il fût, il ne contredisait pas la raison, à l'aide d'arguments traditionnels à l'époque en faveur de la rationalité de l'improbable[2]. Quoi qu'on pense de ses spéculations, il est certain qu'il avait l'intention d'y faire œuvre de raison.

S'il y a quelque chose d'absurde, c'est de faire de ce mot la définition de la foi chrétienne, alors qu'il en est l'antithèse : « Celui qui croit quelque chose de faux », dit saint Thomas d'Aquin à propos de cette foi, « ne croit pas en Dieu[3]. » Propos hardi sans doute, mais signe certainement d'une confiance radicale en la raison. C'est la conviction intime, quoique sans cesse méconnue, des chrétiens.

C'est pourquoi le père Brown, le détective bien connu de Chesterton, peut démasquer un jour un faux prêtre, pourtant fort habilement déguisé, à cause de sa « mauvaise théologie » ; ce dernier en effet, pour abonder dans le sens de l'obscurantisme supposé de son interlocuteur clérical, dit pis que pendre de la raison, en évoquant de plus les confins peut-être irrationnels de l'univers. Erreur, lui répond le père Brown, qui est, lui, bon théologien : la raison règne jusqu'au fin fond du monde, et loin de l'abaisser, « l'Église est

1. Il a vécu au tournant des IIe-IIIe siècles.

2. Ces arguments remontent à Aristote, *Rhétorique* II, 23, 22. Il y a longtemps que les spécialistes le savent : voir un excellent article de la revue *Classical World*, n° 73 (1980), qui renvoie à des articles bien antérieurs. Voir aussi le passage sur Tertullien dans le manuel de *Littérature latine* des PUF, 1993, p. 357. Mais rien n'y fait, il faut qu'il soit le champion de l'obscurantisme.

3. *Contra gentiles*, III, chap. 118, 3.

la seule sur terre à en faire une réalité suprême, la seule à affirmer que Dieu lui-même est soumis à la raison[1] ».

C - Science et foi

Les nouvelles figures de la raison

Cette conviction fondamentale devrait faire apparaître sous son vrai jour le problème rebattu des rapports de la foi et de la science, non pas en soi, mais depuis qu'il existe une science. Il est trop souvent abordé comme s'il s'agissait d'une bonne bagarre entre adversaires inégaux, puisque la foi est supposée perdre à tous les coups des combats d'arrière-garde contre une « science » considérée comme une sorte d'entité unique et univoque, ce qui relève plus du fantasme que d'autre chose.

Il est vrai que la manière dont l'Église, les Églises en fait, ont traité certaines grandes crises, comme celles de la cosmologie galiléenne ou du darwinisme, laisse penser qu'elles avaient oublié leur propre principe, et ne croyaient pas suffisamment en la rationalité, et donc en l'intelligibilité d'un univers librement créé par la Raison souveraine, et donc enfin en la légitimité d'une recherche de son fonctionnement réel. Les croyants ont toujours su que la raison humaine n'égalait pas la raison divine, même si elle participait de sa lumière, mais, solidaires d'ailleurs de l'évolution générale des idées, il leur a fallu plus de temps pour saisir que cette raison ne se coulait pas nécessairement dans une forme unique, qui en épuiserait toutes les possibilités.

1. « La croix bleue », in *L'Innocence du père Brown.*

On est heureusement plus conscient aujourd'hui qu'autrefois de la diversité des approches rationnelles de la réalité. On sait même qu'elles peuvent se succéder dans le temps (quoique de manière non linéaire) ou, si l'on préfère, que la raison a une histoire. Cela est particulièrement clair à notre époque, pour toutes sortes de raisons philosophiques et scientifiques. Pour ne prendre qu'un exemple, mais majeur, la physique contemporaine, avec la mécanique quantique et la théorie de la relativité, a fait apparaître de nouvelles figures de la raison, non réconciliables entre elles (du moins pour l'instant), mais dont chacune fonctionne parfaitement dans son domaine, tout en accumulant les paradoxes pour l'intuition ordinaire.

Ce n'est pas le lieu d'entrer ici dans une discussion de l'indéterminisme quantique, ou plutôt de l'effet qu'il a eu sur les philosophes, mais il faut au moins reconnaître qu'il a obligé à penser la causalité de manière plus fine qu'on ne le jugeait jusque-là nécessaire. Ce qui a eu le mérite de faire voler en éclats l'interprétation mécaniste de l'univers qui se donnait jusqu'alors abusivement comme la seule explication scientifique possible – la seule apparemment qui semble exister encore pour Onfray.

Épicure oui, l'atomisme non

Pour lui la théorie atomique contemporaine est l'héritière directe de l'atomisme de l'Antiquité, ce qui ferait de la science incontestable de l'atome le pilier d'un matérialisme identique à celui de Démocrite. Toute la réalité, toute réalité, s'expliquerait donc sans reste par la combinaison hasardeuse des atomes dérivant dans le vide. Bien qu'il s'agisse là d'une image seulement de l'atomisme actuel, celui-ci fonctionnerait finalement de la même façon pour aboutir à un « décodage intégral du monde ». Mais l'Église, chimériquement opposée à « cette philosophie cohérente qui rend absolument compte de tout le réel » « ne recule devant rien pour [la] discréditer ». Et elle n'a rien trouvé de mieux pour en écarter le bon peuple que de calomnier un de ses plus illustres représentants, Épicure, en profitant de sa réputation imméritée de jouisseur débauché.

Mais cette réputation était déjà faite bien avant que le christianisme ne s'en mêle. Car si Épicure avait adopté l'atomisme pour des raisons qui lui étaient propres[1], il avait d'autre part fait du plaisir le souverain bien. Ce n'était nullement au sens banal de s'en mettre jusque-là, car il recommandait au contraire un ascétisme de la limitation du désir, mais ses adversaires, stoïciens ou platoniciens, ne s'étaient pas privés de le combattre en jouant sans grande bonne foi sur les deux sens qu'on peut donner encore aujourd'hui au mot « matérialisme ». Lorsque Horace se traite lui-même ironiquement de « pourceau Épicure[2] », le philosophe du Jardin était déjà calomnié depuis longtemps, et les chrétiens n'ont fait que s'inscrire dans cette regrettable tradition.

Mais ce n'est pas pour « empêcher l'accès à la physique atomiste », ancienne ou moderne, c'est-à-dire, si le vocabulaire a un sens, à une conception scientifique, mais pour refuser une philosophie incompatible avec leurs vues. Épicure a fait les frais d'une guerre doctrinale qui se poursuit toujours en effet, ce qui explique sans doute le singulier présent employé par l'auteur, comme si la critique de ce

1. Si tout est composé d'atomes, l'âme l'est aussi ; elle est donc mortelle, et l'homme n'a pas à craindre d'être tourmenté après sa mort par des dieux vindicatifs. L'atomisme est ainsi une condition de la tranquillité de l'âme, but de la philosophie.

2. « *Epicuri de grege porcum...* », *Épîtres*, I, 4.

sage était le premier souci des chrétiens aujourd'hui ; mais, avec Onfray, on n'en est pas à « dix siècles » près.

Ce n'est pas le fait que la réalité soit composée d'atomes[1] qui fait question pour les croyants, c'est la prétention philosophique d'un atomisme qui n'a plus rien de scientifique, tout en se donnant comme « science ». Car la conception de la nature comme une immense machine, et de l'homme non seulement comme partie de cette nature, mais comme entièrement explicable par elle, est bien une option philosophique. En la rejetant, on ne rejette pas la science – sinon bon nombre de scientifiques ne mériteraient plus ce nom –, on en refuse une certaine interprétation, qui extrapole bien au-delà de ses résultats avérés. Et on n'a même pas besoin pour cela d'être l'ennemi d'Épicure et de sa rieuse sagesse[2].

1. Toute réalité, y compris celle des hosties. Les deux paragraphes consacrés à l'Eucharistie, « Une ontologie boulangère » et « Épicure n'aime pas les hosties », ne sont pas du meilleur goût et surtout témoignent d'une remarquable ignorance du sujet traité. L'auteur reprend sans la citer la thèse de P. Redondi (*Galilée hérétique*, 1985) selon laquelle Galilée aurait été accusé d'héliocentrisme pour éviter de l'accuser d'atomisme. Il aurait encouru dans ce cas une condamnation beaucoup plus lourde, car on aurait alors considéré qu'il s'opposait à l'idée de transsubstantiation, théorie défendue par le concile de Trente pour expliquer la présence réelle du Christ dans le pain consacré. Quoi qu'il en soit, Onfray a l'air de croire que l'idée en question, sans doute inadéquate au mystère, mais qui n'est pas dépourvue de sens, désigne un absurde miracle matériel, ce qui n'est pas le cas. D'autre part, la présence du Christ dans l'Eucharistie ne dépend pas pour les croyants (catholiques, orthodoxes, luthériens, anglicans parfois) de la manière dont on l'explique théologiquement, et pour simplifier une question complexe, ce n'est pas la conception aristotélicienne de la substance qui est l'objet de la foi. Et « le destin du christianisme » ne se « joue » pas sur ce point !

2. Témoin l'amitié du dominicain André Festugière, merveilleux helléniste, pour Épicure, être selon lui « d'une qualité admirable, fort et doux tout ensemble, et charmeur ». Voir *Épicure et ses dieux*, PUF, 1945, rééd. Quadrige, 1996.

L'horloger est bien plus subtil

Si donc on a affaire dans le champ du savoir à des rationalités diverses, il est important de les comprendre et de les analyser selon les domaines qu'on aborde. Ce n'est pas une échappatoire, car il faut bien que ces rationalités aient quelque chose en commun pour être toutes des figures de la raison, et c'est un des thèmes de réflexion de la philosophie contemporaine. On peut dire de façon très schématique que l'on admet généralement aujourd'hui deux choses. D'abord que les sciences n'épuisent pas toutes les formes de la rationalité, ensuite que la rationalité théologique n'impose pas de faire de Dieu un principe d'explication des phénomènes, ce qui le transformerait en hypothèse inutile, selon le mot fameux de Laplace, dès qu'on les aurait scientifiquement expliqués[1].

Cela paraît simple, et pourtant on n'y est pas arrivé sans mal. Il est certain que les théologiens n'ont pas toujours été à leur aise dans ce domaine, témoin le temps qu'il a fallu à l'Église pour « réhabiliter » Galilée[2]. Il est vrai qu'il n'est pas toujours aisé de penser dans des situations de crise intellectuelle, et qu'il faut du temps pour démêler les invariants de représentations ou d'images du monde dépassées.

Mais enfin il est indéniable que la Bible, comme le disait déjà Calvin, n'a pas l'intention de nous enseigner l'astrono-

1. Les Anglais parlent d'un « God of the gaps », un « Dieu bouche-trou » qui servirait d'explication quand on ne comprend pas scientifiquement un phénomène. Évidemment ce genre de Dieu disparaît avec les trous qu'il est censé boucher.

2. En 1992, par le discours de Jean-Paul II à l'Académie pontificale des sciences. Mieux vaut tard que jamais. Il faut dire que ce problème préoccupait le pape dès 1979, cf. son discours devant la même Académie lors de la célébration du centenaire de la naissance d'Einstein.

mie, ce qui anticipait le mot que Galilée a rendu fameux, « l'intention du Saint-Esprit est de nous enseigner comment on va au ciel, non comment va le ciel ». Seuls sans doute aujourd'hui les créationnistes, américains surtout, qu'Onfray oublie de pourfendre, n'en semblent pas convaincus : ils pensent apparemment qu'on ne peut croire en la création, doctrine qui est effectivement une des clés de voûte de la foi monothéiste, qu'en prenant la Genèse au pied de la lettre. Il est dommage qu'ils ne tiennent pas compte de l'excellent principe qu'on a vu énoncer par saint Augustin, et qu'ils confondent la foi avec la croyance que l'univers n'est vieux que de six mille ans. « On ne saurait dire l'embarras et le chagrin que ces positions téméraires causent aux chrétiens sensés[1]. »

Cela est d'autant plus regrettable que la foi en un Dieu créateur n'est en rien antinomique d'une approche scientifique de sa création. Car un monde issu de la Raison est lui-même rationnel, c'est-à-dire intelligible, et la démarche scientifique repose justement sur cette idée que le monde peut être compris. Et s'il est issu d'une décision divine, d'un acte de création qui aurait pu ne pas avoir lieu, la connaissance qu'on en a ne peut être purement déductive, puisqu'on ne sait pas ce qu'il en est d'un monde contingent avant d'y avoir été voir, c'est-à-dire avant d'expérimenter. Certains ont même pensé que l'« épistémè judéo-chrétienne », comme aime à dire Onfray, avait en ce sens facilité au contraire la naissance de la science.

Quoi qu'il en soit, il est sûr en tout cas que la constatation de l'intelligibilité profonde de l'univers suscite aujourd'hui chez nombre de physiciens un étonnement philosophique, un questionnement véritablement méta/physique de ce

1. Augustin, *loc. cit.*

qu'on appelle les lois de la nature. On ne peut en conclure formellement qu'il existe un Législateur, à la manière de Voltaire, en appelant d'emblée à un Dieu « horloger ». Mais même si l'horloge est aujourd'hui bien plus complexe qu'au XVIIIe siècle, et l'horloger bien plus « subtil », comme disait Einstein, l'hypothèse reste ouverte[1]. Et le seul fait qu'elle le soit met à mal l'idée de cette guerre inexpiable entre science et foi à laquelle on voudrait nous faire croire.

D - La richesse de la théologie

Enfin le christianisme a dès l'origine essayé de se penser, et l'on résume cet effort qui traverse les siècles sous le nom de théologie. Ce rationalisme interne, si on peut dire, est si riche et si divers qu'il est difficile d'en donner une idée précise en quelques mots. Cependant les expressions « bouillie patrologique » et « pinaillages scolastiques » dont use le *Traité d'athéologie* ne le décrivent pas vraiment avec toute la précision voulue.

Les Pères de l'Église

« Bouillie patrologique » : on ne sait pas quelle mouche a piqué Onfray et lui a permis de congédier en deux mots quatre ou cinq siècles au moins de pensée, de Justin à

1. Elle a même convaincu récemment un des philosophes athées les plus connus de Grande-Bretagne, Anthony Flew, de renoncer à l'athéisme, en faveur non d'une religion, mais d'une forme de déisme.

Boèce, qui comptent des esprits comme Irénée, Origène, Augustin ou les grands Cappadociens, Basile et son frère Grégoire de Nysse, et Grégoire de Nazianze… La liste complète de ceux qu'on appelle traditionnellement les Pères de l'Église n'a jamais été établie, mais nombreux sont les écrivains chrétiens anciens qui peuvent prétendre à ce titre. Beaucoup sont de premier ordre, de l'avis, faut-il le dire, de tout lecteur sérieux, croyant ou non.

Il ne s'agit pas de convoquer ici des autorités « théistes » contre des sommités athées, car ce n'est jamais un argument de se jeter des noms prestigieux à la tête : le fait d'avoir du génie ne garantit pas qu'on ne se trompe jamais. Mais on ne peut laisser passer l'idée inepte que les Pères sont une collection d'imbéciles, redoutables par-dessus le marché parce qu'ils auraient dominé la morale et la pensée pendant des siècles, et que leur influence délétère se ferait encore sentir de nos jours.

Ils seraient même responsables, en plus, de la « scolastique », définie à la Onfray comme une technique de prestidigitation destinée à « enfumer » (*sic*) l'auditeur à coups de jongleries verbales, ce qui s'applique aussi au lecteur, je suppose. C'est en effet à partir d'eux, selon lui, que « philosopher devient commenter les textes de la Bible et pinailler sur des détails en créant un monde d'abstractions pures et de notions désincarnées ».

Il faut noter qu'ils ont vraiment le bras long, puisque cette manière de philosopher est, paraît-il, toujours parmi nous. On apprend ainsi avec intérêt que Jean-Luc Marion et René Girard sont aujourd'hui les témoins chrétiens de la « permanence de la scolastique », qui continue également dans la tradition juive grâce à Jankélévitch et à Levinas ! Nul doute que ce point de vue original ne renouvelle un bon coup la lecture de ces auteurs.

La scolastique

La compression, pareille à celle qui inspire certaines sculptures contemporaines, qu'Onfray fait ainsi subir à deux millénaires de réflexion aboutit à un véritable non-sens, je ne dirais pas bouillie, où les mots, transformés en injures, ne veulent plus rien dire. Il faut donner ici quelques précisions dont on excusera le caractère sommaire, mais qui sont sans doute nécessaires pour clarifier un peu les choses.

La scolastique n'est pas une création patristique. Comme son nom l'indique et comme on l'a souvent polémiquement ignoré[1], ce n'est pas une philosophie, mais une méthode d'enseignement bien postérieure aux Pères et qui caractérise les « écoles » médiévales, c'est-à-dire les universités, qui ont été inventées, on le sait, en ces temps supposément obscurs du Moyen Âge. Elle s'est élaborée peu à peu et s'est donné ses techniques propres, en particulier l'explicitation soigneuse des objections à la position que l'on souhaite soutenir, de manière à y répondre avec précision. Cette mise à plat peut paraître aride, mais elle est remarquablement claire, et le contraire même de la prestidigitation, puisque toutes les cartes sont sur la table.

L'argument d'autorité (le plus faible de tous selon saint Thomas) n'y est pas employé en tant que tel, mais comme tremplin pour la réflexion. De surcroît, la scolastique ne désigne pas une doctrine particulière, pour la bonne raison que des penseurs fort différents ou même violemment

1. Ce n'est plus le cas aujourd'hui, où l'on dispose d'un grand nombre d'excellents travaux sur la pensée médiévale – dans les trois monothéismes. Le Moyen Âge n'est plus pour nos contemporains un *no man's land*, il faudrait dire un *no philosopher's land* de mille ans comme il l'a été trop longtemps aux yeux d'une certaine histoire de la philosophie.

opposés l'ont utilisée pour exposer leurs points de vue, et éventuellement se combattre les uns les autres : l'idée d'une unanimité philosophique ou théologique des « siècles de foi » est une fable, et on est loin d'y avoir toujours « pensé en chœur », comme dit Alice au Pays des merveilles. La durée de cette unanimité, un bon millénaire si le Moyen Âge va bien du ve au xve siècle, aurait été une plus grande merveille encore, si l'on y pense, que celles que rencontre l'héroïne de Lewis Carroll.

Les scolastiques enfin, philosophes et/ou théologiens, ne définissaient pas la philosophie comme le commentaire de la Bible, car ils la distinguaient de la théologie, où ce commentaire était primordial, même si elle ne s'y réduisait pas. Ils diffèrent en cela des Pères, dont l'œuvre est essentiellement théologique, et prend souvent en effet la forme de commentaires scripturaires. Mais c'est loin d'être toujours le cas – témoin le *Contre les hérésies* d'Irénée ou les *Confessions* d'Augustin, et on pourrait aisément continuer la liste.

Et même la philosophie !

Mais de tout cela ne saurait avoir cure un critique qui étend son mépris pour ces coupages de cheveux en quatre au « Dieu des philosophes », ou à ceux des philosophes qui disent quelque chose de Dieu, ou du dieu, avant et après la période scolastique. On n'a que faire en effet, selon lui, de ces « constructions extravagantes bricolées avec des causes incausées, des premiers moteurs immobiles, des idées innées, des harmonies préétablies et autres preuves cosmologiques, ontologiques ou physico-théologiques... ». Jeu de massacre où il aligne et descend comme à la foire ces penseurs grotesques qu'il se garde bien de nommer pendant qu'il énumère leurs extravagances, Aristote, Descartes, Leibniz, Hegel, sans compter ce pauvre saint Anselme et ce nigaud de saint Thomas, de toute manière discrédités a priori comme théologiens. Ces « monothéistes » ne sont vraiment pas forts, s'il suffit d'un seul adjectif pour les renvoyer d'un coup au néant intellectuel.

Du côté athée, il faudrait tout de même trouver mieux que Meslier à leur opposer. Mais Onfray est obligé de racler les fonds de tiroir, et il se plaint du petit nombre de vrais athées. On ne l'est jamais assez pour lui : à qui se fier ? Hobbes, Bayle ou Gassendi, sans compter Érasme qui fut toujours pieux ou Montaigne qui ne se prétendit jamais athée ? Mais « tout ce beau monde philosophique croit en Dieu » ; Rousseau, Diderot ou Voltaire ? Tous confits en déisme – tous aussi, on le voit, aussitôt victimes de ce mépris qui est vraiment une des passions prédominantes de notre athéologue.

Sur l'ignorance ou la mauvaise foi des chrétiens

Peu d'esprits trouvent grâce à ses yeux[1], tout le monde est inculte sauf lui, à commencer par les croyants, ignorants non seulement *à cause de* leur religion, mais même *de* leur religion. Il est une fois de plus significatif que le passage consacré à cette question s'intitule « Sur l'ignorance chré-

1. Et spécialement peu les responsables de l'abrutissement religieux des masses. Mais avancera-t-on dans la compréhension des problèmes de l'islam par exemple en traitant Mahomet de « gardeur de chameaux illettré », ou de « ramasseur du crottin des chameaux » qui « ne savait, pauvre bougre, ni lire ni écrire » ? C'est comme pour Paul : ces prophètes et ces apôtres sont non seulement fanatiques, mais minables et ignares. Que dire alors de ceux qui les suivent ?

tienne ». Il a beau donner quelques coups de patte par-ci, par-là aux juifs ou aux musulmans, il ne perd jamais de vue son principal ennemi.

Surgit ainsi sous cette rubrique un paragraphe réjouissant, où il fait étalage de tout ce qu'il sait, lui, pour condamner les pauvres types qui vont à la messe en n'y comprenant rien. C'est un joyeux mélange de vrai, de faux et surtout d'insignifiant dans les exemples qu'il donne : admettons qu'on ne connaisse pas Grégoire de Nazianze (pourquoi lui spécialement ?), la querelle arienne (on a besoin d'en être expert pour « reconstituer la crèche tous les ans » ?), l'iconoclasme (Nicée II devient le « concile sur l'iconophilie »), la date du solstice d'hiver pour fêter Noël (information qui traîne partout, y compris dans les missels), l'« infaillibilité papale » (utile pour « communier avec du pain azyme » ?), l'existence d'évangiles apocryphes (indispensables à connaître pour assister aux mariages ou aux enterrements religieux ?), sans compter les incertitudes sur le procès de Jésus, qui devraient empêcher de « s'exposer [*sic*] sous des crucifix ».

Mais pourquoi faudrait-il savoir tout cela et une ribambelle d'autres choses, ou l'avoir présent à l'esprit si on le sait, ce qui est peut-être plus fréquent que ne le croit Onfray, pour « assister à la messe », comme il dit ? On n'y va pas exactement pour passer un examen, et ce n'est pas parce qu'on ignore une collection de faits hétéroclites qu'on ne sait pas ce qu'on fait. Cet inventaire à la Prévert dont il nous régale est un signe parmi d'autres d'une abyssale ignorance du fait religieux, sur laquelle je reviendrai[1].

En attendant, il faut voir que ces malheureux fidèles perdent à tous les coups, car quand ils savent quelque chose de leur propre foi – il n'a pas échappé à la sagacité de notre

1. Voir chapitre IV.

auteur que certains d'entre eux ont écrit des livres à ce sujet –, ce sont des sophistes et des menteurs : « Quand la culture religieuse [...] existe – souvent chez des professionnels de la religion – elle est mise au service d'un arsenal jésuitique sans nom ! » Arsenal ? Pourquoi cette métaphore militaire ? Parce que « des siècles de rhétorique, un millénaire de sophisteries théologiques, des bibliothèques de pinaillages scolastiques permettent l'usage du savoir comme d'une arme ». Et seulement comme d'une arme, maniée de plus avec malhonnêteté ? Cette pétition de principe pose comme allant de soi que nul chrétien ne peut rechercher le savoir pour lui-même dans le domaine religieux, que toute théologie est apologétique, et toute apologétique de mauvaise foi, toutes propositions également fausses.

Pour la théologie, il n'est pas difficile de le voir si on a une petite idée du contenu de ces bibliothèques millénaires : on y trouve bien plus un effort d'élucidation intellectuelle de la foi destiné à des croyants qu'une défense de cette foi contre ceux qui lui sont étrangers, ce qui est la tâche propre de l'apologétique. Pour donner un exemple éclairant emprunté à la théologie médiévale, une démarche aussi surprenante pour les modernes que les « preuves » de l'existence de Dieu, que ce soit l'argument ontologique d'Anselme, les « voies » de saint Thomas ou la quête du premier principe chez Duns Scot, n'est pas destinée à convaincre d'éventuels athées, elle participe de ce qu'on peut appeler une requête d'autocompréhension de la foi. Aucune de ces tentatives ne « procède de quelque intention apologétique que ce soit[1] ».

1. Jean-Yves Lacoste, *Dictionnaire critique de théologie*, PUF, v. « athéisme », p. 99.

Légitimité de la défense de la foi

Quant à cette dernière intention, elle n'a rien de condamnable en soi quand elle existe, et apologétique n'est pas synonyme de sophistique. Ce terme désigne un effort (plus ou moins heureux, mais c'est là une autre histoire) pour défendre le christianisme contre les incompréhensions dont il est l'objet. Commencé dès le IIe siècle de notre ère, avec les auteurs qu'on appelle précisément les « apologistes », qui voulaient justifier les chrétiens devant leurs concitoyens païens et éventuellement persécuteurs – Justin, qu'on a déjà rencontré, a fini martyr –, il s'est poursuivi jusqu'à nos jours. C'est certainement un effort ingrat, car il s'agit plus de désobstruer l'accès à un grand trésor que d'en explorer les richesses. Mais il ne comporte en soi nulle malhonnêteté intellectuelle, car il ne consiste pas à justifier à tout prix tout ce qu'ont pu faire les chrétiens à travers les âges, mais à montrer en quoi consiste leur foi, contre l'inculture religieuse déplorée par Onfray, et contre les travestissements sans nombre qui la défigurent dans l'opinion. L'apologétique ne relève pas de la théologie en tant que telle : bien des apologistes, anciens ou modernes, n'étaient pas théologiens, et leur démarche est moins abstraite que celle de cette discipline. Essayistes, romanciers, poètes ou conteurs[1] se sont engagés, et souvent avec bonheur, sur ce champ de bataille pourtant truffé de mines.

1. Il suffit de penser à Pascal, mais aussi par exemple à Chateaubriand, à Soloviev, à Chesterton, à C. S. Lewis – sans doute d'autant plus efficaces, chacun dans son genre, qu'ils ne sont pas exclusivement apologistes.

La théologie, une vraie pensée

En disant qu'une discipline est moins abstraite qu'une autre, on ne la situe pas sur une échelle de valeurs, comme si cela lui donnait une supériorité. En ce sens le vocabulaire dont use Onfray pour parler de la théologie – pinaillages, sophisteries, abstractions évidemment « désincarnées », selon un cliché combien de fois entendu –, ce vocabulaire doit inquiéter, car il témoigne d'un mépris suspect pour l'abstraction, c'est-à-dire pour le concept, instrument incontournable de la raison. On a vu que ce dégoût des concepts mis en jeu dans le « bricolage » théologique des philosophes a déjà conduit Onfray à jeter au panier (par inadvertance ?) une bonne partie de la philosophie occidentale. Or il faut évidemment envoyer les « fariboles » de la théologie la rejoindre. Avec cela, il ne restera plus grand-chose d'un immense travail théorique sur l'héritage duquel nous vivons encore. « La déconstruction du christianisme » qu'il appelle de ses vœux n'est peut-être pas une entreprise aussi favorable à la pensée qu'il le croit.

La théologie a été en effet, historiquement, un remarquable chantier conceptuel, où les concepts se sont forgés et affinés, dans un rapport étroit et souvent dialectique avec la philosophie. On sait bien que la théologie a hérité des Grecs, par l'intermédiaire souvent des philosophes arabes. Et la philosophie a hérité à son tour de concepts filtrés ou remaniés par la théologie. On en a un cas majeur avec les grands idéalismes allemands du XIXe siècle, incompréhensibles sans ce qu'on peut appeler un contexte théologique : Schelling écrit une *Philosophie de la révélation*, et c'est une théologie trinitaire anonyme qu'il faut reconnaître dans les schémas ternaires omniprésents chez Hegel. Aujourd'hui encore, Habermas affirme que cela ne le dérange en rien que l'on mettre en évidence dans sa pensée un « héritage théologique[1] ».

Précisons ici que la théologie est une spécificité du christianisme, la plus rationaliste des religions comme je l'ai dit. Ce n'est pas faire injure au judaïsme ou à l'islam. Ceux-ci connaissent des exégèses d'une haute rationalité, mais ils n'ont jamais formé le projet, singulier au fond, d'analyser rationnellement le contenu de leur foi, projet jugé même absurde par leurs plus grands philosophes médiévaux, Averroès ou Maïmonide. Ce point a été rappelé plus d'une fois récemment[2]. Citons un des derniers en date de ces rappels, dont l'auteur est particulièrement au fait des traditions juives et islamiques : la théologie « est la particularité d'une religion déterminée, en l'occurrence le christianisme, et est absente des autres religions. Dans celles-ci, il y a bien des "sciences religieuses" [...] qui peuvent atteindre un très haut niveau d'élaboration et de technicité. Mais le projet d'une élucidation rationnelle de la divinité, la dialectique du "croire" et du "comprendre", le programme d'Anselme, qui était encore exemplaire pour Hegel, est propre au christianisme[3] ».

Poussés donc par une foi indéracinable dans le *Logos* incarné, les chrétiens se sont lancés dès l'origine dans une entreprise qui peut paraître démesurée. La théologie, dit

1. Jürgen Habermas, *Une époque de transitions. Écrits politiques 1998-2003*, Fayard, 2005, p. 340.

2. Par exemple Olivier Boulnois, « La simple raison dans les limites de la religion », in *Sauver la raison, Communio*, mars-juin 1992, p. 38 ; Jean-Yves Lacoste, « Avant-propos » au *Dictionnaire critique de théologie*, PUF, 1998 ; Rémi Brague, *La Loi de Dieu*, Gallimard, 2005.

3. Rémi Brague, *La Loi de Dieu*, *op. cit.*, p. 8. L'auteur ajoute : « On n'a donc pas le droit de plaquer sur le judaïsme ou l'islam, sans parler des religions du monde antique ou de l'Extrême-Orient, une problématique qui leur est étrangère. »

Onfray, est « la discipline du discours sur Dieu ». On sait ce qu'il pense d'un pareil discours, mais il a raison d'en rappeler, à sa manière, la difficulté ou le paradoxe. « Ô Toi qui es au-delà de tout », dit Grégoire de Nazianze (ou peut-être Proclus), « comment te nommerai-je, Toi qui as tous les noms, et qui n'en as aucun ? » Dieu excède tout ce qu'on peut en dire, et pourtant la théologie n'a jamais renoncé à tenter de Le dire, elle ne s'est jamais résolue à être purement négative et à s'abolir dans le silence. Mais quand elle est bonne, car il y en a bien sûr beaucoup de mauvaise – la profession de théologien ne garantit pas la supériorité intellectuelle, et la théologie, comme les autres disciplines, compte beaucoup de tâcherons –, elle a toujours conscience qu'elle marche sur la corde raide.

C'est ce qui l'a amenée à raffiner ses concepts et ses questions au point que l'on peut y voir de l'ergotage si l'on est mal intentionné. Deux exemples seulement, pour ne pas abuser de la patience du lecteur. On s'est moqué des Pères du concile de Nicée, parce qu'ils se sont battus pour un *iota*, la seule lettre qui distinguait deux adjectifs dont le sens paraît à première vue voisin[1] ; mais cette discussion n'avait rien d'oiseux : elle avait des conséquences capitales sur la manière de concevoir le Christ et était donc essentielle pour la foi.

Quant aux « scolastiques », dont chacun sait que l'occupation première était de couper les cheveux en quatre, ils en ont profité pour élaborer des techniques philosophiques essentielles, en particulier en traitant « les problèmes *paradoxaux* proposés à la raison par la Révélation », problèmes stimulants pour la pensée, comme le montre Alain de

1. *Homoousios*, consubstantiel (au Père) contre *homoiousios*, d'une substance semblable (à celle du Père). Concepts voisins en effet, mais nullement identiques. La traduction française du *Credo*, « de même nature que le Père », n'est pas, on le voit, de la dernière précision.

Libera[1]. Ce dernier va même jusqu'à dire, en se fondant sur leur pratique de l'argumentation, que « la philosophie analytique est née au Moyen Âge et chez les théologiens[2] ».

Il est vrai qu'on a parfois reproché à cette manière de philosopher sa minutieuse rigueur, tout comme le *Traité d'athéologie* en fait grief à la théologie. Mais parler de pinaillage à ce sujet, et naturellement « sur des détails », revient à faire fi du travail de précision nécessaire à toute pensée, et spécialement en ce domaine. Le vague est pire que le faux, car on peut s'opposer au faux, mais on se noie dans le vague, on ne sait plus, à la lettre, où donner de la tête dans ce qui n'est « même pas faux », selon l'expression désabusée de Pauli. Si cet aspect du discours humain n'est peut-être pas entièrement réductible, il importe cependant de le combattre, et en particulier quand on traite des choses de Dieu.

Lévi-Strauss parle d'un excès de signifiant sur le signifié dans l'humanité[3], ce qui peut se traduire par le fait que nous disposons de plus de paroles que de contenus précis de celles-ci, et que le progrès de la connaissance consiste à ajuster les unes aux autres. Mais inversement, quand il s'agit de la divinité, le signifié excédera toujours tout signifiant, et cet ajustement est par définition impossible : cette tension est le lieu où opère la théologie, dans son labeur pluraliste et multiforme (car il n'y a évidemment pas une seule Théologie qui régnerait intemporellement à travers les âges) pour

1. *Penser au Moyen Âge*, Le Seuil, 1991.

2. *Ibid.*, p. 152. Même idée chez Frédéric Nef, pour qui il existe « une véritable continuité entre la métaphysique médiévale, qui a pris le meilleur d'Aristote [...], et la métaphysique analytique ». *Qu'est-ce que la métaphysique ?* Gallimard, 2004, p. 261. Outre son intérêt, ce livre est fort drôle, ce qui ne gâche rien.

3. « Introduction à l'œuvre de Marcel Mauss », p. XLVII-XLIX, in Marcel Mauss, *Sociologie et Anthropologie*, PUF, 1950.

trouver, à défaut de la meilleure formule, la parole la moins inadéquate.

Une pensée née de l'amour

Ce labeur a parfois suscité la méfiance, et le débat sur la valeur d'un tel effort intellectuel dans une vie chrétienne traverse l'histoire des Églises. L'*Imitation de Jésus-Christ* résume bien cette prévention, quand l'auteur remarque d'entrée de jeu qu'il est inutile de disserter sur la Trinité si on déplaît à la Trinité, et qu'il vaut mieux vivre les vertus que d'en connaître la définition[1]. Cela est à la fois indubitable et in/signifiant. Car on ne peut opérer cette mise en garde que si le mot « Trinité » a un sens, ce qui renvoie à une doctrine et non à un sentiment, et à tout l'effort de clarification et de méditation de l'Écriture qui a permis de la définir, autrement dit à la théologie.

Mais surtout, celle-ci n'est pas étrangère à la vie spirituelle : elle est œuvre de foi, elle est la foi même en quête de sa propre intelligence – *fides quaerens intellectum*, selon le mot fameux d'Anselme – et elle est incompréhensible autrement. Ce n'est pas le *hobby* de quelques intellectuels. On ne fait pas de la théologie pour s'amuser à résoudre des énigmes mais parce qu'on croit en l'Intelligence qui « éclaire tout homme venant dans le monde », comme dit saint Jean. Et croire ici a son sens fort de donner sa foi, démarche qui implique évidemment l'amour : « Tu aimeras le Seigneur ton Dieu […] de tout ton esprit[2]. »

Sans cette inspiration, la théologie ne vaudrait pas une

1. *Imitation*, I, 1, 3.
2. *Dianoia*, pensée, intelligence, dit bien Matthieu 22, 37.

heure de peine, et d'ailleurs il est peu probable que vidée ainsi de toute signification, elle trouve encore beaucoup d'adeptes. C'est l'amour qui met en mouvement la quête de l'intelligence, et qui lui donne son allégresse propre. Même s'il fait un travail de Sisyphe, il faut imaginer le théologien heureux ! Et comme le dit à peu près Karl Barth, s'il ne l'est pas, on ne donne pas cher de ses considérations.

Le christianisme est de toute façon une religion doctrinale, et la théologie s'inscrit dans le souci qui est à l'œuvre dans l'effort de précision dogmatique des Églises, leurs catéchismes et leurs credos. Ce souci est bien connu dans le catholicisme, et on en fait parfois sa marque distinctive, mais il est loin d'être étranger à la tradition réformée, comme le montre la liste impressionnante des confessions de foi protestantes[1], qui n'existeraient pas sans lui.

Les chrétiens ne sont pas attachés pour rien aux formules de leur foi. Il ne s'agit en aucune façon du culte « conservateur » d'énoncés ossifiés, qu'il serait urgent d'actualiser, en une course d'ailleurs épuisante contre une modernité par définition passagère. Ce n'est pas la foi ou les formules de la foi qui sont importantes, mais Celui qui en est l'objet. Un chrétien espère cesser un jour d'« avoir la foi », comme on dit fort mal, le jour où il connaîtra comme il est connu, selon la parole de saint Paul[2]. Dans la cathédrale de Troyes, il existe un vitrail qui illustre cette espérance de façon saisissante, car le Christ, au seuil du paradis, y éteint la flamme de la foi.

Mais en attendant, celle-ci a besoin d'articuler ce qu'elle

1. Voir Jaroslav Pelikan, *Credo, Historical and Theological Guide to Creeds and Confessions of Faith in the Christian Tradition*, Yale University Press, 2003.

2. 1 Corinthiens, 13, 12.

croit, sous peine de se diluer dans le subjectivisme ou le sentimentalisme et de perdre le contact avec la réalité qui lui tient à cœur. C'est la seule raison, mais elle est capitale, de conserver précieusement ce qu'on appelle le dépôt de la foi, pour marquer qu'il s'agit d'un trésor que se transmet la communauté croyante et qu'elle n'invente pas. Il ne se conserve pas en se répétant, mais en se repensant constamment à partir de sa Source. C'est pourquoi il y a un développement du dogme, comme l'a montré Newman, non par prolifération de gloses intellectualistes, mais par un approfondissement véritablement intellectuel, qui met en jeu et aiguise puissamment toutes les ressources de l'esprit. On a vu que cette réflexion a rayonné au-delà du domaine proprement théologique et a enrichi la philosophie et la pensée en général. L'expression du psaume 27, « le Seigneur est ma lumière », est ainsi légitimement devenue la devise d'une Université[1]. *Dominus illuminatio mea*: définition, qu'on ne saurait trop méditer, de la haine « monothéiste » de l'intelligence.

1. Celle d'Oxford.

III

HAINE DE LA VIE ?

Si Onfray n'est guère en mesure d'apprécier la pensée théologique, c'est qu'en bon athée, il ne s'intéresse pas à Dieu, ou à son idée, et qu'il ne comprend donc pas qu'on le fasse. Au fond, il ne s'intéresse même pas tellement à l'athéisme, malgré le titre de son livre, c'est pourquoi sans doute il recourt si peu à l'argumentation pour en assurer les fondements. Il est vrai que discuter de l'athéisme, c'est encore parler de Dieu, comme le dit Marx quand il définit « *l'athéisme* [comme le] dernier stade du *théisme*, reconnaissance *négative* de Dieu[1] ». Il importe bien plus à ses yeux, « au lieu de s'amuser avec l'enseigne « athéisme » [...] d'en répandre le contenu dans la masse du peuple[2] ».

C'est bien le but d'Onfray, qui ne le prêche qu'à titre de préalable ; il s'agit de déblayer le terrain, si on peut dire, pour laisser la place à ce qui compte vraiment, l'édification d'une nouvelle morale : « La négation de Dieu n'est pas une fin, mais

1. *La Sainte Famille*, VI, III.
2. Lettre à Ruge du 13 mars 1843.

un moyen pour viser une éthique post-chrétienne ou franchement laïque. » C'est une entreprise nécessaire si on veut s'affranchir de la chape de plomb qui pèse sur nous et nous empêche apparemment de vivre. La morale qui règne encore aujourd'hui selon lui, toujours imprégnée de judéo-christianisme, nous impose sa haine perverse de la vie, ce qui ne doit pas étonner si elle est fondée sur un « monothéisme » (toujours ce mot commode) animé par la pulsion de mort. Il est donc vital, au sens propre, de s'en débarrasser. Voyons d'un peu plus près où nous mène ce projet, et si la vie a vraiment à y gagner.

A - Morale

La rénovation doit être radicale, et même ce terme de rénovation ne convient pas, puisque c'est tout l'édifice de la morale judéo-chrétienne qu'il faut abattre pour le reconstruire de fond en comble. Car il est grand temps que « le corps cesse d'être une punition, la terre une vallée de larmes, la vie une catastrophe, le plaisir un péché, les femmes une malédiction, l'intelligence une présomption, la volupté une damnation ». Peu importe que ni juif, ni chrétien, ni cet être approximatif, le « judéo-chrétien », ne puissent se reconnaître dans cette liste typique de l'emportement rhétorique de son auteur.

Le corps punition ? Les « monothéistes » ne sont pas des gnostiques déplorant la chute de l'âme dans la matière.

La terre, une vallée de larmes ? La « vallée de l'ombre de la mort » du psaume est une description, hélas, et non une prescription.

La vie, une catastrophe ? D'où sort cette idée ? Serait-ce encore un coup de cette bonne vieille pulsion de mort ?

Mais personne ne définit ainsi la vie, ce don de Dieu, dans les monothéismes.

Le plaisir, un péché ? Très mauvaise théologie. Le plaisir fait partie des bonnes choses de la création quoi qu'aient pu en penser quelques ascètes excessifs. Thomas d'Aquin croit même que le plaisir sexuel aurait été plus vif dans le paradis terrestre qu'il ne l'est après la chute[1].

Les femmes, une malédiction ? Dans des accès de misogynie, chez certains Pères ou certains auteurs monastiques, qui n'ont aucune justification biblique ou doctrinale.

L'intelligence, une présomption ? Comme le montre sans conteste l'histoire de la théologie.

La volupté, une damnation ? Voir plus haut !

Une morale laïque aux racines chrétiennes

Cette condamnation si nuancée n'a rien d'étonnant de la part d'un auteur qui ne brille pas par la subtilité. Ce qui est plus intéressant, c'est qu'il ne s'arrête pas là, mais qu'il souhaite faire aussi table rase de la morale laïque traditionnelle. Car celle-ci n'est qu'une transposition « immanente » où persiste la « quintessence de l'éthique judéo-chrétienne ». Et pendant qu'on y est, on jettera aussi la bioéthique, qui n'est qu'un avatar de cette dernière, plus ou moins inspirée par des « laïcs imbibés d'eau bénite[2] ».

1. *Somme théologique*, Iª qu 98, a 2, ad 3.

2. Il y aurait beaucoup à dire sur la bioéthique. Il n'est pas question de condamner la science ou les progrès de la médecine, mais de s'interroger sur une certaine utilisation technologique du vivant qui risque de traiter les êtres humains en objets manipulables à loisir. Les croyants ne sont pas les seuls à s'inquiéter de cette possible déshumanisation de l'homme. Une chose est sûre au moins : on ne résoudra pas les nombreux problèmes où se débattent nos sociétés à ce sujet en laissant simplement s'évaporer l'eau bénite.

Tout ça, c'est la faute de Kant, dont l'éthique laïque est la « formulation philosophique d'un inextinguible fonds judéo-chrétien », et qui a marqué en effet les fondateurs de la laïcité française. Ceux-ci étaient souvent des protestants, qui n'avaient plus de foi mais toujours de la piété, et ils s'inspiraient pour la plupart d'un spiritualisme qui se voulait kantien. Cela est fort net par exemple chez le plus influent d'entre eux, Ferdinand Buisson, qui présida longtemps aux destinées de l'enseignement primaire en France. Il espérait dégager un « christianisme éternel » de sa gangue ecclésiastique, et définir ainsi une « religion laïque de l'idéal moral, sans dogmes, sans miracles, sans prêtres », mais qui aurait gardé la « moelle du vieil Évangile »[1]. Il concevait cette « moelle », on le voit, précisément comme si elle n'était rien de plus qu'un « idéal moral », ce qui est loin d'aller de soi, mais ce qui semblait évident à plus d'un penseur de cette époque. Sans doute était-ce à cause de l'éducation religieuse qu'ils avaient reçue et qui opérait déjà une réduction morale de la foi chrétienne ou biblique.

Buisson était ainsi un précurseur de ces « athées chrétiens » que pourfend Onfray, et qui nient Dieu tout en affirmant l'excellence des valeurs chrétiennes. Les pères fondateurs de la laïcité appartiennent bien à cette catégorie qu'on peut juger bizarre mais qui n'en existe pas moins. On en a un exemple aujourd'hui en France avec Comte-Sponville, qui a en effet soutenu cette position paradoxale (il préfère se dire « athée fidèle »)[2], et en Allemagne avec Habermas. Ce dernier, qui professe un « athéisme métho-

1. *La Foi laïque*, 1911.

2. Onfray y ajoute Ricœur, qui n'était nullement athée, et cite Jankélévitch, Levinas, B.-H.Lévy et Finkielkraut comme tenants d'un « judéo-christianisme sans Dieu ». On lui laisse la responsabilité de cette appréciation. Elle n'a rien d'infamant en tout cas.

dologique », a cependant encore écrit récemment que la tradition judéo-chrétienne est la source où on ne peut cesser de puiser sans effets dévastateurs : « [...] Les idées de liberté et de solidarité [...], d'existence autonome et d'émancipation, de morale individuelle fondée sur la conscience morale, de droits de l'homme et de démocratie [sont] un héritage de l'éthique juive de la justice et de l'éthique chrétienne de l'amour. [...] C'est encore et toujours à cette substance première que nous nous alimentons. Tout le reste n'est que bavardage post-moderne[1]. »

L'idée que la morale laïque se nourrit « toujours de cette substance première », ou dans les termes hostiles d'Onfray, qu'elle démarque la morale évangélique, est donc incontestable, mais ce qui l'est moins, c'est l'interprétation qu'il en donne, pour les liquider d'un coup irréfutable. Tous les préceptes de l'une ou de l'autre, blanc bonnet et bonnet blanc, peuvent se résumer selon lui dans la formule « Travail, Famille, Patrie, sainte trinité laïque et chrétienne ». On comprend donc tout de suite qu'à moins d'être vichyssois dans l'âme, on ne peut décemment y adhérer. On retrouve dans ce raccourci insupportable un procédé dont il abuse dans son livre, et qui consiste à traiter de « fasciste » tout ce qu'il veut condamner : le catholicisme évidemment, mais aussi l'islam, longuement comparé au fascisme, et même le judaïsme, dont tout ce qu'on peut dire en sa faveur, c'est qu'il ne fait de ravages que locaux, par opposition à l'universalisme des deux autres religions, qui leur permet, on l'a vu, de gangrener, elles, le monde entier. On l'a souvent remarqué, à force d'être employé ainsi comme une injure, le terme « fasciste » ne veut plus rien dire, et on se demande même si ceux qui n'ont que ce mot à la bouche reconnaî-

1. Jürgen Habermas, *op. cit.*, p. 320.

traient un vrai fasciste s'ils en voyaient un. De fil en aiguille, en suivant le raisonnement de ce livre, on devrait remonter jusqu'à Kant lui-même, certainement chrétien et même pas athée, et qui n'arrive pas à être vraiment laïque, comme le lui reproche Onfray, parce qu'il s'inspire du piétisme de sa mère, fasciste originaire sans doute.

Il n'y a pas plusieurs morales

À part cette regrettable dérive polémique, Onfray n'a pas tellement tort cependant de mettre les morales dans le même sac, non à cause d'une épistémè judéo-chrétienne qui nous collerait à la peau, mais parce que, au fond du fond, il n'y a qu'une seule morale. Jules Ferry avait raison quand il recommandait aux premiers instituteurs laïques d'enseigner « ces règles élémentaires de la vie morale qui ne sont pas moins universellement acceptées que celle du langage et du calcul [...] cette sagesse du genre humain [...] que plusieurs siècles de civilisation ont fait entrer dans le patrimoine de l'humanité[1] ».

Il avait raison, parce que la morale ne dépend pas de la foi en Dieu ou d'une religion quelconque. Ce n'est qu'en un sens secondaire, et au fond trompeur, qu'on peut parler d'une morale juive, chrétienne, bouddhiste ou que sais-je, comme s'il s'agissait d'autant de systèmes éthiques différents. L'idée paraît sans doute surprenante à première vue à une époque qui croit qu'il y a autant de morales que de sociétés ou de religions, et peut-être même d'individus. Et

1. *Lettre aux instituteurs*, 1883. Expressions identiques chez Buisson, dans son article « Laïcité » du *Dictionnaire de pédagogie et d'instruction primaire*, 1882-1887.

certes nous hésiterions sans doute aujourd'hui à parler comme Buisson d'une « morale éternelle et universelle ». Nous ne sommes pas seulement plus sensibles à la diversité des usages et des conduites, nous sommes surtout plus sceptiques ou plus réservés, et les proclamations trop emphatiques nous répugnent. Et il vaut mieux réfléchir avant de décréter « valeur universelle » ce qui n'est peut-être qu'une préférence de la société où nous vivons. Mais peut-on sérieusement nier que sur le fond indéfiniment bariolé des mœurs humaines se détache toujours l'universalité de la loi morale, définie dans son essence, qui est l'obligation de traiter les autres comme on voudrait être traité soi-même ?

La Règle d'or, comme on dit, résume la Loi et les Prophètes[1] (c'est-à-dire toute la Bible), mais elle n'est pas spécifique au judaïsme ou au christianisme ; on peut faire une longue liste de ses formulations dans la plupart des religions et des philosophies[2]. C'est le bien commun des hommes, elle est « écrite dans leur cœur » et reconnue par toute « conscience » droite[3]. Elle est certes vécue selon des styles dissemblables, mais elle n'est certainement pas bricolée, comme dirait notre auteur, par chacun dans son coin pour donner des systèmes de moralité totalement étrangers les uns des autres. Jusque dans l'abbaye de Thélème, où chacun

1. « Ainsi, tout ce que vous désirez que les autres fassent pour vous, faites-le de même pour eux : voilà la Loi et les Prophètes », (Matthieu. 7, 12).

2. C. S. Lewis s'y est essayé dans son livre sur *L'Abolition de l'homme,* où il défend la thèse de l'universalité de fait et de droit de la loi morale.

3. On se permet de citer l'hystérique champion du Christ : « Quand les païens, qui n'ont pas la Loi, font naturellement ce que prescrit la Loi, ils sont, eux qui n'ont pas la Loi, une loi pour eux-mêmes ; ils montrent que l'œuvre de la Loi est écrite dans leur cœur, leur conscience en rendant témoignage [...] », (Romains 2, 14-15).

vit à sa guise dans le plaisir et la liberté, personne ne fait tout et n'importe quoi, car les actions y sont réglées par cette intériorisation de la loi que Rabelais appelle honneur[1].

Ce que les religions apportent de plus, ce n'est pas une nouvelle moralité, mais une nouvelle manière de vivre la morale ou de tenter de la vivre, un nouvel essai pour rendre raison de la difficulté de notre expérience en ce domaine, la contradiction dont on a déjà parlé entre ce qu'on fait souvent et ce qu'on devrait faire toujours. Elles la situent dans l'horizon entier de la vie humaine et ainsi la transfigurent, grâce par exemple à la paix de l'âme bouddhiste ou à l'amitié avec Dieu des chrétiens. La morale n'est jamais, religieusement, une fin en soi, et dans le cas des chrétiens, l'appel à la sainteté qui doit orienter leur action est plus qu'un appel à l'excellence morale, même s'il suppose évidemment qu'ils s'efforcent d'obéir à la loi. Mais ce n'est pas l'essentiel, car l'amour transcende l'éthique, ce qui veut dire qu'il l'inclut et la transforme, non qu'il l'abolit. Ceux qui se cantonneraient dans le domaine moral, fascinés par ses exigences propres et par l'impossible poursuite d'une inaccessible perfection, risquent de passer à côté de la réalité d'une vie qui est grâce, aventure et joie.

Petit essai de déconstruction de la morale

On peut se rendre compte que l'idée d'une unité de la morale n'est pas aussi folle qu'elle en a l'air quand on ne prend en compte que la diversité des mœurs en recourant à une modeste expérience mentale. On verra mieux alors la difficulté de l'entreprise d'Onfray. Une éthique « franche-

1. *Gargantua*, chap. 57.

ment » nouvelle comme celle qu'il désire doit être toute différente de la morale ordinaire. Pour l'édifier, il faut donc prendre le contre-pied des idées reçues en la matière, ce qui peut mener à des positions singulières.

On en a un petit aperçu dans la déconstruction qui nous est proposée de la morale laïque à la fin de ce traité, car son contenu y est donné axiomatiquement comme réactionnaire et comme ridicule. Elle prône l'excellence de la famille et les vertus du travail : ne s'agit-il pas évidemment de choses détestables ? Elle recommande la méfiance à l'égard des passions : la maîtrise de soi n'est-elle pas une idée déplorable ? Il faut respecter ses parents et honorer les « vieux » ? Quelle horreur ! On a des « devoirs envers les pauvres gens » ? À répudier d'urgence ! Relever ainsi le côté vieillot du vocabulaire sert-il ici à stigmatiser l'archaïsme de la pensée, ou à rendre grotesques des obligations plus difficiles à nier si on leur donne des noms plus modernes – solidarité, compassion, respect ?

Serait-on vraiment consterné que « cette bonne et antique morale » dont parle Jules Ferry règne aujourd'hui dans les écoles de la République ? Et si on rit de ce style qui n'est plus le nôtre, c'est un rire à bien courte vue. On ferait mieux de se demander ce que vaudra le nôtre dans un ou deux siècles. Il n'y aura rien de plus daté que nos « épistémès » et nos « déconstructions », ce qui ne veut pas dire qu'on n'aura rien pensé à l'aide de ces termes. Mais cela est vrai de Ferry aussi. À moins de ne fréquenter que le journal du jour, il faut apprendre à lire à travers les âges. La réponse à un problème aussi sérieux que celui de l'universalité de l'éthique ne saurait dépendre du style plus ou moins branché avec lequel on le discute.

Sans se laisser troubler par ces questions linguistiques, on pourrait s'essayer également, dans le cadre de l'expérience mentale que je suggère, à inverser le sens du Décalogue, puisque c'est le texte majeur de l'« éthique judéo-chrétienne », qui monnaye en commandements la Règle d'or. Tu aimeras ton prochain comme toi-même ? Non, tu le détesteras comme toi-même (excellente description de certaines névroses). Tu ne commettras pas de meurtres ? Pas du tout, tu n'hésiteras pas devant l'assassinat. Tu ne convoiteras pas le bien d'autrui ? Au contraire, tu auras raison d'en avoir envie, et tu t'en empareras au besoin. Tu ne porteras pas de faux témoignages ? Loin de là, tu mentiras tant et plus. Et au lieu d'honorer ton père et ta mère, tu les enverras au diable. Et tu te débarrasseras de la vieille et répressive morale sexuelle, et tu tromperas avec entrain ta femme, ton mari, ton partenaire. Bref, tu feras aux autres ce que tu ne voudrais pas qu'ils te fassent.

Est-ce le propre d'un cerveau encrassé par des millénaires de bourrage de crâne religieux que de ne pas être enthousiaste de ces règles nouvelles ? Personne dans son bon sens ne peut les accepter, y compris Onfray, qui n'a pas la moindre intention d'opérer une telle subversion. Il fait lui-même appel au Décalogue pour condamner la conduite des croyants qui ne s'y conforment pas, et pas seulement parce que, infidèles à leur religion, ils se montreraient simplement incohérents en n'obéissant pas à des préceptes qui ne vaudraient que pour eux. Non, il est clair dans ce passage (I, III, 1) et dans bien d'autres de son livre qu'il condamne comme tout un chacun le mensonge, le viol, le pillage et l'assassinat, et qu'il est donc parfaitement et traditionnellement moral. Mais que veut dire alors son projet de renouveler l'éthique ? En quoi consiste-t-il exactement ?

Il est, il faut le dire, assez mal défini. Tout ce qu'on en sait, c'est que la nouvelle éthique doit être hédoniste, « solaire » comme l'athéisme qui l'inspire, et « post-chrétienne». Elle serait ainsi une pièce maîtresse de cette «ère post-chrétienne» qui est l'objet chez lui d'une véritable espérance, alors qu'il y a tout lieu de croire, comme l'ont soutenu beaucoup de bons esprits, que nous sommes en plein dedans depuis un bon moment. Les chrétiens convaincus forment-ils vraiment aujourd'hui dans le monde une majorité triomphante ? Les valeurs du christianisme sont-elles vraiment partout déterminantes ? La sécularisation n'est peut-être pas aussi générale et aussi uniforme qu'on a pu le penser, mais on ne peut nier son emprise sur nos sociétés. À entendre Onfray, on se croirait encore en chrétienté, ce qui est quand même difficile à soutenir, et il n'y aurait donc rien de plus urgent à ses yeux que de renverser cet édifice oppressant. C'est pourquoi il faudrait débusquer et combattre toutes les traces qui nous infectent encore de la haine de la vie véhiculée par la morale judéo-chrétienne.

Exalter la matière, ou Celui qui l'a inventée ?

La première chose à faire pour se débarrasser du judéo-christianisme est d'être résolument matérialiste, au sens philosophique du terme, car si les monothéismes haïssent la vie, c'est parce qu'ils surévaluent l'esprit et qu'ils détestent, par une conséquence abusive, le corps et la matière, à moins que ce ne soit l'inverse et que la répugnance à l'égard du corps ne soit première. Pour vivre comme il faut, et il faut souligner vivre, il faut donc rejeter toute forme de spiritualisme, et c'est pourquoi il faut être athée.

Mais d'abord, on n'a même pas besoin d'être matérialiste pour être athée, si un des plus grands et peut-être un des plus radicaux a/théismes qui existent est le bouddhisme. Ensuite, le matérialisme ne justifie en lui-même aucune attitude particulière à l'égard de la vie, aucune position morale spécifique. Ce n'est évidemment pas un facteur d'immoralisme comme ses adversaires ont voulu le faire croire autrefois, c'est simplement une croyance métaphysique qui laisse entier le problème de l'éthique et de la manière de vivre. Un matérialiste n'est pas nécessairement moins bien disposé qu'un autre à l'égard de son prochain, mais sa philosophie ne le rend pas non plus automatiquement ami du genre humain. Il peut se montrer d'un dévouement exemplaire à autrui, comme il peut décider de ne se préoccuper que de lui-même. Et il peut trouver la vie glorieuse, ou bien absurde et indigne d'être vécue. Pourquoi serait-il forcément partisan d'une morale « solaire » ?

Quant aux monothéismes, leur croyance en l'esprit – l'Esprit ? – ne les enferme pas dans une nuit morale où ne régnerait que la haine de toute existence matérielle. C'est un reproche singulier à leur faire, puisque de leur point de vue c'est Dieu même, le Dieu créateur, qui a inventé la matière, le corps, le sexe, et qui a trouvé tout cela « très bon », comme le déclare la Genèse. Il n'est simplement pas vrai de dire que l'âme ou l'esprit auraient pour le « judéo-christianisme » et pour l'islam, qui en héritent sur ce point comme sur bien d'autres, toutes les vertus, à l'opposé du corps qui aurait tous les vices.

Cette position serait d'ailleurs stupide (mais sans doute les croyants n'en sont-ils pas à une stupidité près ?), car seul l'esprit est capable de choisir le mal, le corps n'y est pour rien, et les péchés purement spirituels, comme l'orgueil ou l'envie, sont les pires. Croire en l'existence des esprits angéliques, « heureux volatiles », « volailles béates », selon des définitions dont on reconnaît le style, ne signifie en rien que la spiritualité serait le bien en soi. Ridiculiser ainsi la figure de l'Ange « anticorps [*sic*] archétypal commun aux trois religions », à partir d'une interprétation quelque peu sommaire de son iconographie, ne peut guère passer pour la réfutation raisonnable d'une position qu'elle ne représente en rien. Onfray sait d'ailleurs fort bien qu'il y a de mauvais anges, même si on peut espérer qu'il tombe une fois de plus dans l'excès en assurant que les démons sont l'objet de la « passion incandescente des athées ». Mais tous les arguments sont bons pour lutter contre cette apologie de l'esprit qui est due bien évidemment, selon lui, au refoulement.

Et ici nous en arrivons au vif du sujet : qui dit refoulement, dit déni des pulsions sexuelles et hostilité à leur prétexte ou leur objet – la femme. C'est ainsi qu'il y aurait une « haine des femmes commune au judaïsme, au christianisme et à l'islam » tapie au cœur de la moralité qu'Onfray a entrepris d'éradiquer, et qui serait la forme majeure de la haine monothéiste de la vie. Les monothéismes, on le voit, sont tout masculins. La nouvelle éthique devra donc être une exaltation de la femme pour faire triompher enfin la vie. Il n'est pas sûr pourtant qu'on sorte là d'une optique masculine. À supposer même qu'on admette que les uns haïssent la vie et que les autres l'adorent, on peut se demander s'il est très satisfaisant pour « la femme » d'être ainsi une sorte de balle de ping-pong dans un match entre deux adversaires qui ne lui demandent finalement pas son avis. Mais qu'en est-il au juste et de cette haine supposée et de cette exaltation libératrice ?

B - Féminité

La femme qui est ici portée aux nues est celle qui représente « le désir, le plaisir, la vie », contre les figures de la vierge, de l'épouse et de la mère qui sont autant de cas de la « vie crucifiée » et du « néant célébré... » (les points de suspension sont d'Onfray, qui a tendance à en abuser ; ils ne rendent en rien décisives des propositions absurdes).

Le seul commandement qu'il accepterait sans doute d'abroger est donc celui qui prohibe l'adultère, et même ce « sans doute » est de trop, puisqu'il considère que la fidélité et la monogamie (ou la régulation du mariage polygamique), et plus généralement le mariage et la famille, sont des règles (des inventions ?) monothéistes désastreuses, des mutilations de la vie et rien de moins que des variations sur le thème de la castration. Autant de moyens d'« en finir avec les femmes », puisqu'il est bien clair que « l'épouse et la mère tuent la femme », dans la mesure où le soin du ménage et l'éducation des enfants ne laissent plus de place au féminin en elle.

Plus de féminin, plus de vie : cette préférence des vierges, des mères et des épouses, bref, ce « mépris des femmes », témoigne du culte des monothéismes pour la mort. Ainsi d'ailleurs que de leur haine de l'intelligence, puisque le péché d'Ève, selon Onfray, est d'avoir été plus intelligente que ce pauvre idiot d'Adam (un « imbécile heureux ») en préférant le savoir à l'obéissance, et en optant pratiquement, en d'autres termes, « pour la philosophie contre la religion ». Ainsi la haine des femmes résume synthétiquement tout ce qu'il y a de haïssable dans les monothéismes.

Mais une fois de plus, en fait, malgré une critique de la

condition féminine en Islam, c'est toujours ce calamiteux « judéo-christianisme » qui est ici dans la ligne de mire. Le judaïsme, puisque la circoncision est évidemment une forme atténuée de castration (les passages sur cette question, « Sus aux prépuces » et « Dieu aime les vies mutilées » sont à mon avis parmi les plus regrettables de ce livre, qui pourtant n'en manque pas). On dira qu'elle ne concerne par définition que les hommes ; mais puisqu'« elle écrit dans la chair », paraît-il, « la haine du désir, de la libido et de la vie », il n'échappera à personne qu'elle manifeste donc une hostilité profonde à l'égard des femmes. Le christianisme, parce qu'il a modelé, au cours de ses millénaires pinaillages, un idéal du corps asexuel ou asexué qui nous paralyse encore.

C'était le moment où jamais de rappeler, ce qu'on ne trouve pas ici, que la célébration de la virginité – avec le culte de la Sainte Vierge – est spécifique de cette religion. Judaïsme et islam la valorisent certes chez la femme, mais seulement en vue du mariage, tandis que le christianisme y reconnaît une vocation à part entière, et pas seulement pour les femmes par-dessus le marché. Le christianisme, ou plutôt le catholicisme, qui semble ici encore former tout l'horizon religieux d'Onfray, si bien qu'il ne le remarque pas lui-même – à moins qu'il ne veuille pas l'avouer ?

Certes, l'idée chrétienne de la femme dépend bien à ses yeux de ce qu'il appelle « la misogynie du monothéisme juif – dont héritent le christianisme et l'islam ». Mais elle vient selon lui d'une lecture particulière du début de la Genèse selon saint Paul (un Paul *sui generis* bien sûr), qui aurait accentué encore cette misogynie et déterminé toute la pensée « monothéiste » sur la question.

Mais que dit vraiment la Genèse ?

Il n'est peut-être pas inutile de rappeler ici en quoi consistent les deux récits de la création qui inaugurent la Genèse. Celui du chapitre 1 raconte la création du monde en six jours, avec la création au sixième jour de l'« homme » des deux sexes à l'image de Dieu : « Dieu créa l'homme (*adam*) à son image, à l'image de Dieu il le créa, homme (*zakhar*, mâle) et femme il les créa[1]. » Celui du chapitre 2 propose un autre mythe, fort connu, où l'homme (mâle) est modelé de la terre et où la femme est tirée de son côté. Notre exégète improvisé ne fait aucune référence au premier récit, malgré son importance proprement principielle, ce qui en dit long sur sa façon de lire les textes. Il ne cite que le second récit, dont il déduit l'idée d'une inégalité substantielle de la femme, inférieure à l'homme, puisqu'elle n'est qu'une créature secondaire et accessoire. Elle n'est, selon son élégante expression, qu'un « bas morceau » tiré du seul corps qui compte, ce qui n'a pas l'air d'être l'avis d'Adam quand il s'écrie : « Voici l'os de mes os et la chair de ma chair[2]. » Certains Pères poussent même la littéralité de leur commentaire de ce passage jusqu'à dire que la femme, tirée de l'homme, est donc composée d'une matière plus noble que l'homme, tiré de la terre ! On n'en demande pas tant, mais cela montre qu'on peut faire plus d'une lecture de ce texte. Enfin il ne retient du chapitre 3 (histoire de la première transgression et de l'expulsion du jardin d'Éden)

1. Genèse 1, 27, Dans le latin de la Vulgate (qui a été déterminant pour la théologie occidentale) : « et creavit *hominem* ad imaginem suam [...] *masculum* et *feminam* creavit eos ». La traduction grecque des Septante distinguait elle aussi, naturellement, *anthrôpos*, être humain, d'*arsen*, mâle.

2. Genèse 2, 23.

que la condamnation d'Ève, en omettant la condamnation parallèle d'Adam.

Il y ajoute l'idée de son cru que la femme est par là « radicalement » et « définitivement » condamnée, en particulier donc à être toujours dominée par l'homme de fait comme de droit, ce qui n'est nullement impliqué dans le texte. Celui-ci est plutôt un mythe qui prend acte de la condition humaine, peu paradisiaque en effet si l'on songe à la dureté du travail, au danger des grossesses et de l'accouchement pour la femme[1], et à la subordination habituelle où celle-ci se trouve dans tant de cultures.

Mais cet assujettissement ne fait pas partie de l'ordre naturel des choses, du « dessein originel de Dieu », ou de la « vérité de la relation entre les sexes », comme le dit un document récent du Vatican (pour une fois, c'est bien lui)[2], car « le joug de la domination d'un sexe sur l'autre » est une dénaturation de l'amour (Lettre Ratzinger II, 7).

Il est intéressant de noter[3] que ce texte parle bien du chapitre 5 de la lettre aux Éphésiens sur le sens du mariage, mais ne souffle mot du passage célèbre où il est question de l'homme chef de la femme. Et il ne cite pas du tout la première épître aux Corinthiens, dont certains versets (11, 7-8) interprètent la Genèse dans le sens d'une subordination du second sexe. Silence significatif? En tout cas cette omission

1. Danger qui n'a cessé en Occident que depuis un temps relativement récent, et qui est loin d'avoir disparu de la surface de la terre.

2. Joseph Ratzinger, *Lettre aux évêques de l'Église catholique sur la collaboration de l'homme et de la femme dans l'Église et dans le monde*, 31 mai 2004, II, 7 et II, 8. Citée dorénavant Lettre Ratzinger.

3. Voir à ce sujet un article pertinent du *Washington Post* (15 août 2004), dont l'auteur, Cathleen Kaveny, a vraiment lu le texte : « What is the Vatican Saying about Women ? Conservative Catholics Might be Surprised. »

met l'accent sur la valeur de l'amour de l'homme et de la femme, figure de l'union du Christ et de l'Église, à l'exclusion des considérations qui encouragent la soumission de la femme[1], et qui viennent peut-être spontanément à saint Paul dans la mesure où il lui reste sur ce sujet des « recoins de conservatisme[2] ». Il faut dire que Paul corrige sa propre interprétation en ajoutant (1 Corinthiens 11, 11-12) : « Dans le Seigneur, la femme n'est pas autre que l'homme et l'homme n'est pas autre que la femme, car de même que la femme a été tirée de l'homme, l'homme naît de la femme, et tout vient de Dieu. »

L'égalité fondamentale des sexes

Le premier des chapitres de la Genèse a toujours limité dans l'Église les interprétations éventuellement misogynes du deuxième et du troisième, qui ne les justifient nullement, mais qui ont souvent été sollicités dans ce sens. L'égalité fondamentale des sexes a été réaffirmée plusieurs fois par Jean-Paul II en particulier, mais aussi par la plupart des papes de notre époque. Parmi eux, Pie XII mérite d'être cité pour la netteté de sa formulation : « L'homme et la femme sont les images de Dieu et selon leur mode propre, des personnes égales en dignité et possédant les mêmes droits, sans qu'on puisse soutenir en aucune manière que la femme soit inférieure[3]. »

1. « En fait, dans la relation mari-femme, la "soumission" n'est pas unilatérale, mais bien réciproque ! » précise Jean-Paul II. « Tandis que dans la relation Christ-Église, la seule soumission est celle de l'Église ». *Mulieris dignitatem*, 15 août 1988, VII, 24.

2. Joseph Ratzinger, *Voici quel est notre Dieu*, Plon, 2001, p. 259.

3. *Discours au Congrès international de l'Union mondiale des organisations féminines catholiques*, 29 septembre 1957, AAS 49, 906-922.

Mais s'il fallait rappeler cette idée simple, c'était qu'elle n'allait sans doute pas de soi dans une certaine pensée catholique. Et elle n'a pas encore été considérée dans toutes ses implications. Une théologie féministe parvenue à maturité, c'est-à-dire dépourvue de la stridence qui a marqué ses débuts, devrait y trouver un champ d'investigation fructueux. Une de ses tâches, me semble-t-il, serait de bien comprendre la notion de complémentarité des sexes, souvent évoquée dans les textes du magistère. Ce terme veut d'abord dire que les hommes et les femmes ont besoin les uns des autres, et qu'une société qui les séparerait toujours et partout n'a rien de souhaitable. Mais comme elle nuance l'idée d'égalité, puisque ces égaux sont des êtres différents appelés à se compléter par leur différence même, elle a besoin d'être précisée pour ne pas en devenir une hypocrite négation.

À entendre certains interprètes, on pourrait croire qu'elle réattribue aux femmes leur vieux rôle secondaire et subordonné, en les destinant à adoucir la rude vie du mâle. Il n'est que de songer à l'éloge des vertus spécifiquement féminines, qui existe aussi dans un certain féminisme : les femmes brilleraient par la douceur, la compassion, la générosité, le don de soi, l'amour de la paix, et corrigeraient ainsi l'agressivité et l'égoïsme masculins, surtout dans la vie privée ou même dans la vie publique, à supposer qu'elles y participent.

Mais si ce sont des vertus, elles le sont aussi pour les hommes, et la femme ne les possède pas plus au naturel que le mâle de l'espèce, comme la plus simple observation le montre. Tout ce discours, idéalisation injustifiée de la femme, en est au fond une subtile érotisation, ce qui échappe peut-être à certains clercs. Complémentarité, certes, mais réciproque. La femme est bien « pour l'autre », mais l'« autre » est aussi pour elle : la relation ne saurait être à sens unique.

« [...] Les valeurs féminines [...] sont des valeurs humaines [...] La condition humaine de l'homme et de la femme, créés à l'image de Dieu, est une et indivisible. [...] En dernière analyse, tout être humain, homme et femme est destiné à être "pour l'autre" » (Lettre Ratzinger III, 14). Or, si les considérations sur la complémentarité de la femme sont monnaie courante, on ne voit pas souvent étudier la manière dont l'homme est complémentaire de la femme...

Et si l'« autre » est l'enfant, auquel cas la réciprocité ne joue pas, car l'enfant n'est pas « pour sa mère », cette formule ne doit pas servir de prétexte à confiner la femme dans les fameux trois K – *Kinder, Küche, Kirche*, enfants, cuisine, Église – c'est-à-dire exclusivement dans son rôle maternel, plus ou moins assaisonné d'une piété sans doute également spécifique de son sexe. Cette conception très réductrice a souvent été justifiée dans l'Église par un texte qui n'est même pas de saint Paul, « La femme sera sauvée en devenant mère[1] ». Autrement, gare ! Mais on la trouve aussi fort laïquement chez Freud, sous une forme beaucoup plus brutale, quand il définit la femme par l'« envie du pénis », envie qui ne peut être apaisée que par le fait d'avoir un enfant, mâle de préférence, sans ça c'est encore raté et la névrose est à l'horizon.

Le repos du philosophe

Mais on ne trouvera rien de plus réjouissant chez Onfray, dont les idées sont tout aussi réductrices. On ne

1. I Timothée 2, 13. La plupart des exégètes pensent aujourd'hui que cette épître n'est pas de saint Paul, même si elle se situe plus ou moins dans son sillage.

voit guère se dessiner dans son livre un autre destin pour la femme que d'être le repos du guerrier, ou peut-être du philosophe. Cela peut être excellent, mais franchement, cela ne suffit pas. Avant d'être Femme, comme il écrit, ou féminine, pourquoi une femme ne serait-elle pas tout simplement humaine, comme le rappelle à son amant une des héroïnes de *La Condition humaine*?

Celle-ci, Valérie, déteste que cet amant, Ferral, allume les lampes dans leur chambre lorsqu'ils font l'amour; la jeune femme ne le supporte pas, car elle voit bien que ce qu'il cherche, ce n'est même pas son propre plaisir, mais le sentiment de maîtrise que lui donne la vue de sa jouissance à elle. Elle finit donc par l'envoyer promener, et à son prochain rendez-vous, il ne trouve qu'une lettre que l'amateur des femmes pourrait lui aussi méditer : « Vous savez beaucoup de choses, cher, mais peut-être mourrez-vous sans vous être aperçu qu'une femme est *aussi* un être humain[1]. » Ferral en est tout déconfit, car il aime chez les femmes « la liberté des mœurs », mais pas « la liberté de l'esprit »[2], et l'humanité de la femme est évidemment le cadet de ses soucis.

Cette humanité peut certes se vivre de bien des manières, et même elle n'empêche en rien une femme d'accepter d'être un objet sexuel, à certains moments. Cela fait partie du jeu de la relation érotique ; encore faut-il justement qu'elle y entre de plein gré et non qu'elle y soit contrainte, comme dans tant de cas. Valérie ne veut pas être seulement un « corps imbécile » pour Ferral, dont elle ressent le regard comme un viol. En général, il semble exister une difficulté (masculine seulement ?) à voir que la femme, dont il est

1. André Malraux, *La Condition humaine*, Gallimard, La Pléiade, 1969, p. 341.
2. *Ibid.*, p. 267.

décidément dangereux de parler en général, ne se réduit pas à la différence sexuelle. Alors que l'originalité du christianisme, malgré tout ce qu'il a pu charrier dans la théologie patristique ou médiévale d'emprunts évidents à la pensée antique et à sa misogynie, consiste précisément à voir dans la femme un individu dont le destin n'est pas purement biologique ou corporel. Même la maternité, qui comporte pourtant un « puissant animalisme », comme disait Charles Du Bos, ne permet pas cette réduction, car « même si [c'est] est un élément fondamental de l'identité féminine, cela n'autorise absolument pas à ne considérer la femme que sous l'angle de la procréation [...] [1] », ni même du mariage.

C'est ce que signifie, entre autres, l'idée de virginité consacrée, qui ne pouvait surgir et s'imposer dans la réalité sociale que si la destinée féminine n'était pas exclusivement définie par la vie en couple. Elle a marqué une bonne fois que « la femme » – toutes les femmes, quel que soit leur mode de vie – a tout bêtement une existence propre.

Une bonne fois ? Ce n'est pas si sûr, puisque c'est une position qu'il faut sans cesse reconquérir. À l'aube des temps modernes, on la voit encore niée chez Milton. L'Ève de son *Paradis perdu*, ravissante, douce et docile, est créée pour Adam, et n'a de rapport avec Dieu qu'à travers lui, comme le dit le vers fameux : « He for God only, she for God in him [2]. » Adam seul en effet est fait pour la contemplation (v. 297) de son Créateur (ce qui peut se laïciser en souci des « vraies choses humaines », comme dit la lettre de Valérie). Ève au contraire qui est évoquée avec une magni-

1. Lettre Ratzinger III, 13. Exalter la fécondité biologique en termes vitalistes, ajoute ce document, est une grave exagération, qui s'accompagne « souvent d'un redoutable mépris de la femme ».

2. *Paradise Lost*, IV, 299.

fique sensualité – le puritanisme[1] n'est vraiment pas ce qu'on croit – mais un peu dans le genre « corps imbécile », n'est faite que pour le plaisir de son époux. Cette conception du mariage s'inscrit chez Milton dans le contexte de la critique protestante des vœux religieux. Sa formule montre que ce n'était pas sur tous les points un progrès. Une des premières féministes, Mary Wollstonecraft, relayée depuis par beaucoup d'autres, critique d'ailleurs vivement l'image miltonienne d'Ève, qui n'est à ses yeux qu'une justification de la tyrannie masculine[2].

La possibilité de se consacrer directement à Dieu affranchissait au contraire les femmes, et la cellule monastique, lorsqu'elle était librement choisie, a pu jouer pour elles le rôle de cette fameuse « chambre à soi » évoquée par Virginia Woolf et dont elles ont si rarement disposé à travers les siècles.

Une femme sans âme ?

C'est en tout cas dans le sens d'une individualisation qu'a joué la notion d'âme, dont l'exaltation signe pour Onfray la « haine du féminin » – qui doit donc être sans âme ? Il ne faudrait quand même pas oublier que c'est cette idée honnie qui est au fondement de celle de « personne » ou d'existence personnelle, pour l'homme comme pour la femme, idée qui à son tour peut difficilement passer pour une déclaration de haine à l'égard de celle-ci.

C'est le moment de rappeler ce que tout le monde

1. Faut-il rappeler que Milton est un des grands représentants du puritanisme anglais du XVIIe siècle ?

2. *A Vindication of the Rights of Women*, 1792, chap. 2.

devrait savoir : on n'a jamais débattu au concile de Mâcon (585), contrairement à une légende tenace, pour savoir si la femme avait elle aussi une âme. Or non seulement Onfray ignore que c'est une légende, mais il la relaie sans la plus petite critique, ce qui n'est pas de très bonne méthode dans un ouvrage qui se veut fondateur ou refondateur. Et par-dessus le marché, il nous la ressort sous une forme dont on rirait volontiers si elle n'amplifiait pas un racontar nocif, même s'il est digne tout au plus de l'almanach Vermot. Notre polémiste – ou faut-il dire romancier ? – soutient en effet avec un aplomb parfait qu'on a discuté dans cette assemblée d'un livre dont il nous cite approximativement l'auteur et qui tentait « de prouver que les femmes ne sont pas des créatures humaines ». Les « hiérarques » de Mâcon, comme il dit, auraient fait preuve par là d'une prescience surnaturelle, car ce pamphlet, une farce à vrai dire, a été publié quelque mille ans après la réunion de leur concile[1] !

Cette prétendue question n'a évidemment jamais été examinée ni là ni nulle part ailleurs, car elle ne fait aucun sens dans l'anthropologie chrétienne. Il vaut la peine de noter que cette fable, censée résumer la misogynie de l'Église, est due à un malentendu lexical dont on n'a plus compris par la suite la nature, ou que l'on a exploité avec mauvaise foi – comme ce pasteur luthérien qui décida d'in-

1. Celui que la p. 137 de ce *Traité* appelle « Alcidalus Valeus » s'appelait en réalité Valentius Acidalius ; il n'était pas exactement contemporain du concile de Mâcon, puisqu'il vécut en Silésie au XVIe siècle (1567-1595). Il fut l'auteur (on le pense, du moins) d'un pamphlet qui se voulait divertissant et « prouvait » par l'Écriture que les femmes n'étaient pas des êtres humains. Ce n'était pas une tellement bonne idée, car on prit sa farce au sérieux, on le réfuta, aussi bien du côté protestant que du côté catholique, et il n'en tira pas le profit qu'il en espérait. On peut lire toute l'histoire dans un article de Michel Nolan, « The Myth of Soulless Women », *First Things*, avril 1997.

voquer l'autorité supposée du concile de Mâcon pour affirmer l'infériorité des femmes et justifier la polygamie (*Polygamia triumphatrix*, 1676, un titre pour Onfray !)[1]. Un évêque, membre (peut-être) de ce concile, avait, selon Grégoire de Tours, demandé à ses collègues si le terme *homo* (comme dans *Homo sapiens*) pouvait être utilisé pour parler des femmes. Apparemment la latinité de l'époque commençait à employer ce terme au lieu de celui de *vir* pour désigner l'homme mâle, d'où la perplexité du prélat. On lui répondit qu'il n'avait qu'à lire la Genèse, où il verrait bien que Dieu avait créé l'« homme », homme et femme[2].

Il est certain que cette évolution du vocabulaire, qui a donné notre usage d'« homme », fait de l'homme mâle le modèle ou le type en quelque sorte de l'être humain. Mais ce n'est pas le propre du christianisme, et il ne suffira pas de féminiser la terminologie, comme le souhaitent certains, pour remédier à la situation. Ce n'est pas en introduisant des barbarismes pathétiques dans notre langue qu'on valorisera les femmes – pathétiques, parce qu'ils situent le combat sur un terrain où il est perdu d'avance et ne corrigent en rien les infériorités sociales, politiques ou économiques dont souffre encore la moitié du genre humain. Ce sont celles-là qu'il faut combattre. Mais croit-on qu'il suffira d'être « docteures » pour échapper au mépris où on tient les « doctoresses » ? On ferait mieux de s'interroger sur les raisons de la dérive sémantique qui affecte ce genre de termes, et il y a fort à parier qu'on tomberait alors sur des problèmes non linguistiques.

Quoi qu'il en soit, et dans la perspective de la primauté

1. Même article.

2. Voir la formule de la Vulgate, note 1 de la page 90 de cet ouvrage.

masculine, encore faut-il que l'homme soit digne de ce nom, et par une autre évolution déjà présente dans la latinité classique, c'est le mot *vir* qui va alors désigner l'homme qui mérite de l'être. En ce sens, l'exhortation « *Esto vir* », sois un homme, montre un courage *viril*, peut s'adresser aussi aux femmes ! Les premiers chrétiens admireront ainsi la virilité des martyres. On peut le déplorer si on considère qu'il s'agit là d'une négation de la féminité[1], mais cette appropriation du viril peut jouer en faveur des femmes, même quand on s'y attend le moins.

Je n'en veux pour exemple que cette histoire qu'on raconte de Wittgenstein. Fort misogyne, ce dernier aurait tenu des propos si offensants pour les femmes dans un de ses cours que toutes ses étudiantes seraient parties, sauf l'une d'entre elles, Elizabeth Anscombe. Il aurait alors continué son cours en disant : « Maintenant que nous sommes entre hommes... », attribuant ainsi à la jeune philosophe, grossièreté et hommage mêlés, la vertu par excellence. Mais ce qui fait toute la saveur de cette histoire, c'est que cette *ver*tu *vir*ile n'empêcha pas cette femme d'avoir une vie pleinement féminine, à moins qu'on ne considère le mariage et la maternité comme des éteignoirs de la féminité. Ils ne l'éteignirent pas intellectuellement, en tout cas, car elle devint une des philosophes les plus respectées de son époque[2].

Il serait intéressant, dans le même ordre d'idées, d'étudier la manière dont les femmes les plus chrétiennes ont su

1. Comme le pense par exemple Sylviane Agacinski dans son livre *Métaphysique des sexes. Masculin/féminin aux sources du christianisme*. Le Seuil, 2005.

2. Elizabeth Anscombe (1919-2001) a tout pour déplaire à ceux que ce *Traité* séduiraient : épouse (du philosophe Peter Geach), mère (de sept enfants !), et catholique fervente. Et bonne philosophe pardessus le marché, en dépit de ces lourds handicaps !

utiliser à leurs fins l'ambiguïté de l'« *Esto vir* ». Voici deux exemples pour mettre sur la piste : au XVIIe siècle, des femmes appartenant au mouvement quaker s'en servent en subvertissant habilement un passage de saint Paul qui interdit aux femmes de prendre la parole dans les assemblées[1]. Ells récusent ainsi leurs adversaires anglicans pour leur faiblesse spirituelle ; ce sont de vraies « femmes », et donc ils n'ont pas le droit de prêcher ou d'enseigner, alors qu'elles ont, elles, ce droit, puisqu'elles sont des « hommes » par la force de la foi[2]. Et Catherine de Sienne, au XIVe siècle, qui fait campagne pour que le pape revienne d'Avignon à Rome, ne voit rien d'incongru à envoyer lettre sur lettre à l'hésitant Grégoire XI pour l'exhorter, en toute humilité féminine, à se conduire en homme.

Mais, même en dehors de tout contexte religieux et sans référence à l'âme ou à rien de pareil, et si on ne retient que trois figures de la féminité, l'amante, l'épouse et la mère, pourquoi la femme ne devrait-elle « épanouir sa subjectivité » que dans la première d'entre elles ? Ne serait-ce pas là un point de vue tout masculin, et même un peu macho ? Pourquoi pas dans une ou deux, ou même les trois à la fois ? En quoi la condition d'épouse est-elle un désastre pour les femmes ? Ici encore les généralités ne sont guère pertinentes, mais même si le mariage est une aventure qui a ses difficultés et qu'il serait ridicule d'idéaliser, il l'est tout autant d'en faire l'épouvantail évoqué par Onfray. Le défi-

1. 1 Corinthiens 14, 34-35. Ce n'est d'ailleurs pas de Paul, on a affaire là à « une interpolation post-paulinienne », selon la Bible de Jérusalem. Mais elle a bénéficié fort longtemps de l'autorité de son auteur supposé.

2. Par exemple, Priscilla Cotton et Margaret Cole, *To the Priests and People of England*, 1655.

nir comme la « meilleure des réductions libidinales », parce qu'il ôterait à l'épouse tout sex-appeal en l'ensevelissant sous les « problèmes du foyer » et les soucis de l'éducation des enfants, est une caricature qui ne correspond guère à la réalité vécue par les femmes, dans nos pays tout au moins. Est-ce bien sérieux d'opposer une femme tout charme et séduction à une ménagère accablée de tracas ? Et combien de femmes accepteraient de ne voir dans la fidélité qu'un esclavage ? La durée d'un couple est-elle un embourgeoisement déplorable dont il serait urgent de se libérer au profit de ferveurs sans cesse renouvelées ? Et à qui profite en général ce désembourgeoisement ? Il est trop clair qu'Onfray ne pense ici qu'en homme, et en homme qui appartient à une mince frange seulement de nos sociétés développées : la condition générale des femmes dans le monde n'est visiblement pas son sujet.

La maternité, un désastre ?

Je dirais même que la condition féminine tout court ne le préoccupe guère. C'est éclatant en ce qui concerne la troisième figure de la femme, la mère, non seulement occultée par lui, mais dénaturée. Pas une fois en effet, à le lire, on ne peut même deviner que la maternité est autre chose qu'une catastrophe « monothéiste ». Il n'y voit que gêne et que fardeau, entrave aux amours, et ce qui est stupéfiant, négation de la vie. Or il faut avoir l'esprit singulièrement tourné pour faire de la transmission de la vie son exact contraire, et de la joie de la naissance, « joie de ce qu'un homme[1] est né

1. Pour ceux qui s'intéressent au vocabulaire, Jean utilise ici le mot *anthrôpos*, être humain, et non *anêr*, homme (mâle).

dans le monde» (Jean 16, 21), un signe d'amour de la mort. Hannah Arendt voyait au contraire dans ce qu'elle appelait «natalité», la naissance, le commencement, l'imprévu, la figure par excellence de la liberté et du renouvellement toujours possible du monde, contre l'idée de prévalence de la mort justement. Ève, la vivante, est glorifiée comme la mère des vivants (Genèse, 3, 20).

Il ne s'agit pas d'exalter sans discernement la maternité et d'en faire un substitut de l'absolu comme ceux (ou celles) qui voudraient renouveler le culte de la Déesse-Mère, contre un Dieu patriarcal, ou comme ceux qui en font la seule vocation de la femme. Mais c'est une des expériences majeures de la vie féminine, une plénitude, un épanouissement, une jubilation, et c'est mutiler la femme, pour le coup, que le nier.

Il ne lui suffit peut-être pas, pour être «sauvée», de devenir mère. Mais le sera-t-elle en ne le devenant pas ? Va-t-on se faire une joie et un honneur de la stérilité ? Est-ce là qu'aboutit l'exaltation de la vie ? Si c'est tout ce que l'éthique nouvelle peut opposer à la supposée haine de la vie des religions, on ne peut pas dire que ce soit bien décisif. Qui pourrait s'y laisser séduire ? Les femmes n'ont rien à y gagner, mais les hommes non plus, à qui serait ainsi déniée une des dimensions fondamentales de l'être masculin, la paternité (notion, et réalité, qui n'apparaît nulle part dans le livre d'Onfray).

Pour rénover l'éthique

À ceux qui seraient tentés de «rénover» l'éthique, on pourrait peut-être faire deux suggestions.

La première serait de laisser les femmes en paix, et de cesser de leur prescrire ce qu'elles doivent faire de leur féminité. Assez d'injonctions à être mère ou à ne pas l'être, à jouer les séductrices ou au contraire les épouses modèles, à s'enfermer chez elles ou à travailler aux quatre coins du monde, à incarner l'idée de la Femme, enfin, au gré des uns ou des autres. Peut-être pourrait-on envisager de les laisser tout simplement exister à leur gré à elles, et pour cela, en finir avec les définitions qui ne voient en elles que leur sexe et qui les confinent dans le seul souci de la relation avec autrui. Leur relation, comme le dit si bien Virginia Woolf, « est au monde de la réalité et non seulement à celui des hommes et des femmes ». « Pensez donc, leur conseille-t-elle, aux choses en elles-mêmes[1]. »

Car c'est les condamner autrement à un enfermement, c'est leur refuser l'accès à l'immense domaine de ce qui ne relève pas directement de la sexualité, accès qui va de soi pour le sexe fort, qu'il faudrait plutôt appeler en l'occurrence le sexe libre. En ce sens, l'image de la Femme d'Onfray les confine tout autant que celle de l'épouse ou de la mère dont il croit les libérer. Qu'il s'agisse de l'action ou de la pensée, il y a une multitude d'activités, d'entreprises, de réalisations heureuses où le sexe n'entre pas en ligne de compte, où il n'y a plus ni vierge, ni épouse, ni mère, « ni homme, ni femme », comme le dit saint Paul (Galates 3, 28). Et qu'on n'aille pas voir là une castration ; car si cette idée ne suggère que l'image d'une existence asexuée, c'est qu'on ne sait même pas de quoi on parle. Sinon, on ne définirait pas de façon purement négative et péjorative ce qui est éminemment positif et source d'épanouissement. Il suffit de penser, très concrètement, à la joie durable que donne l'exercice d'une vraie compétence, quelle qu'elle soit – une des rares sources de bonheur certain en ce monde incertain.

1. *Une chambre à soi*, conclusion.

On pourrait suggérer ensuite que si on doit être hédoniste, de quelque sexe que l'on soit, autant l'être jusqu'au bout. Il faut donc embrasser tous les plaisirs et non seulement ceux de Casanova ou de Phryné, mais encore ceux d'Éros et de Psyché, par où j'entends signifier aussi bien la plénitude de l'amour humain que celle de l'amour divin. Il faut aussi inclure dans la mesure du possible tous les bonheurs, des plus petits jusqu'aux plus grands. Pour rester dans un registre plutôt féminin, disons du plaisir de tenir une maison à la joie de prendre un bébé dans ses bras, du régal de faire des confitures à l'allégresse de la pensée – « il faut en même temps rire et philosopher et gouverner sa maison », disait Épicure[1].

Mon premier exemple ne fera sursauter que les féministes dogmatiques, qui déplorent sans doute le succès des magazines consacrés à la cuisine et à la décoration, instruments qui enfoncent la femme dans son esclavage. Et pourtant, il ne faut sûrement pas mépriser les choses les plus modestes, qui sont les choses de la vie, et si vraiment le principe est de faire ce qui vous plaît, pourquoi dénier aux femmes le droit de se plaire à tenir leur maison (je n'ai pas dit : à faire le ménage !) ? William Morris – d'ailleurs lui-même grand artiste et grand décorateur – avait bien vu que ce goût est fréquent chez elles, et dans la société future imaginée dans son utopie socialisante, *News from Nowhere*[2], leur rôle n'a pas changé sur ce point. Cela a paru rétrograde de la part d'un auteur progressiste, mais sans doute était-il là plus observateur qu'idéologue.

1. *Sentences vaticanes*, 41. Ce recueil de maximes porte ce nom parce qu'on en a découvert le manuscrit dans cet antre de l'obscurantisme et de la haine des livres qu'est la Bibliothèque du Vatican.
2. 1891. Voir par exemple chap. 5.

Quant à la pensée, si les figures du penseur sont résolument masculines – et on voit le ridicule qu'il y aurait à vouloir mettre ce nom au féminin –, il n'y a aucune raison que les femmes soient exclues de ce qui est « le plus grand des plaisirs », s'il faut en croire Aristote, qui en a parlé mieux que personne. Il ne s'agit pas de respirer un air raréfié en se livrant à des considérations sublimes sans rapport avec la vie. Non, on accède là à la vie même, prise à son plus vif, « car l'acte de l'intelligence est vie », dit le célèbre chapitre 7 du livre VII de la *Métaphysique*, qui évoque le Vivant suprême « que nous appelons Dieu ». C'est une vie pleinement heureuse, et chaque fois que nous pensons, et chez nous ce n'est jamais que par intermittence, nous participons à ce plaisir « divin » au sens propre. Aristote n'hésite pas devant ce mot *hédonè* [1] pour le désigner, c'est pourquoi je verse son témoignage au dossier de l'hédonisme total – qui vaut bien sûr pour les hommes comme pour les femmes.

1. *Métaphysique* 7, 1072 b 16.

IV

DIEU AVEC ESPRIT

Goût et culte de la mort, qui se traduit par une haine généralisée de la vie, des femmes, de l'intelligence, voilà donc l'essence des monothéismes, selon le *Traité d'athéologie*. Ces monothéismes ne sont pas des philosophies, mais des religions, c'est pour cela qu'ils ont une telle emprise sur leurs fidèles, c'est ce qui les rend si dangereux. C'est donc la religion qu'il faudrait arracher du cœur de ceux qu'elle égarerait encore, pour les rendre, avec l'athéisme, à la « santé mentale ». Si ce n'est qu'une sorte d'aberration qui donne le goût de l'autre monde parce qu'on a trop peur en celui-ci, on devrait, grâce aux lumières de l'athéologie, pouvoir s'en débarrasser prestement. Encore faudrait-il pour cela qu'elle ne soit pas caricaturée en une chimère qui n'a rien à voir avec aucune religion vécue par les hommes. Il est aisé de construire un épouvantail, et de le renverser ensuite triomphalement. Mais la question de la nature de la religion n'est pas de celles auxquelles on peut répondre avec ce dogmatisme véhément, comme si le secret du phénomène religieux sautait à tous les yeux.

Pour Onfray, pas de problème, en effet. Il ne défend pas seulement l'athéisme comme négation de l'existence de Dieu, ce qui pourrait être une position philosophique cohérente. Il lui faut encore définir ce Dieu comme une « fiction fabriquée par les hommes pour tâcher de survivre malgré l'inéluctabilité de la mort ». Mais être athée de ce Dieu-là n'est pas difficile, c'est même recommandé, car il n'existe pas en effet, sinon dans cette définition, qui pose un fantôme pour pouvoir le nier. Que l'on croie ou non en Lui, Dieu n'a pas été « fabriqué » aux fins qu'imagine Onfray. Les hommes ont reconnu en Lui, dans les monothéismes en particulier, une Réalité en elle-même adorable et non destinée d'abord à les rassurer sur leur sort. On peut penser qu'ils se sont trompés, mais encore faut-il savoir *sur quoi,* ou *sur Qui* ils se sont trompés, si l'on veut discuter de manière sensée de la question. À voir l'athéologie se battre contre un adversaire fictif – une image de la divinité si dégradée qu'elle n'aurait jamais pu susciter la foi ou l'amour de qui que ce soit – on a envie de s'écrier avec Maurice Clavel : mais enfin, « Dieu est Dieu, nom de Dieu » !

A - Qu'est-ce qu'une religion ?

De la difficulté d'en parler

Si l'on se propose de parler de la religion, il faut au préalable tenir compte de deux points qui ne facilitent pas la tâche. D'abord, on ne peut pas étudier la religion en soi, qui n'existe pas. Il n'y a pas de religion hors des religions, comme le rappelle fort bien une célèbre « phénoménologie de la religion », qui porte pourtant le titre *La Religion dans son essence et ses manifestations*[1]. Cette essence est loin d'être accessible d'emblée : on a beau reconnaître intuitivement le religieux, cela ne permet pas pour autant de le définir aisément et sans ambiguïté.

Et comme il y a de multiples religions, et qu'un bon nombre d'entre elles sont extrêmement élaborées, on voit qu'on a du pain sur la planche lorsqu'on s'attaque au problème. Si on ne considère qu'une seule d'entre elles, on risque d'attribuer à la religion en général des caractères qui ne sont pas universels. Et si on veut les considérer toutes, ou presque toutes, ou une bonne majorité d'entre elles au moins, on a une vie de travail devant soi avant de pouvoir arriver à une synthèse, si tant est qu'on y arrive jamais. Il n'y a pas d'unité facile des religions, qui permettrait de les confondre dans un amalgame vaguement syncrétique.

Si l'on entreprend comme Onfray, de les décapiter, il faut s'attendre à couper autant de têtes que celles de l'hydre de Lerne, et on sait que celles-ci repoussaient toujours. Car elles ne consistent pas toutes, comme il le croit, à projeter dans quelque au-delà « une seule et même réalité fantasmatique », le même Dieu invoqué sous les noms les plus divers selon les temps et les lieux, « Baal et Yahvé, Zeus et Allah, Râ et Wotan, mais aussi Manitou ».

Admirons cette fausse hardiesse, qui veut scandaliser les monothéismes mais qui leur rend en fait hommage, puisque tout le monde apparemment en serait plus ou moins adepte. Il y a longtemps qu'on sait que Dieu a beaucoup de noms, mais cela ne signifie pas qu'ils soient tous

1. Il s'agit de l'œuvre bien connue de Gérard van der Leeuw, 1933. Première édition française, « refondue et mise à jour par l'auteur », Payot, 1948.

équivalents. Sans se placer sur le plan théologique ou métaphysique, et en restant au niveau de l'histoire, les conceptions de Dieu véhiculées par ces désignations n'ont pas grand-chose de commun. C'est une faute de méthode que de ne pas tenir compte de la différence des cultures et de ne même pas essayer de comprendre en quoi leurs dieux se distinguent les uns des autres. Qu'est-ce que le sagace et mélancolique Odin (plutôt que Wotan...) a à voir avec le dieu solaire de l'Égypte ? Il est ridicule de dire qu'il s'agit partout du même fantasme : car, même si on ne voit dans ces dieux que des productions imaginaires, ce sont précisément leurs dissimilitudes qui sont intéressantes. C'est seulement si on perçoit ces dernières que l'on peut se lancer dans une comparaison entre les différentes approches de Dieu.

Encore faut-il qu'il s'agisse bien de noms ou d'images de la divinité : c'est pourquoi on est surpris de trouver dans cette liste le nom de « Manitou ». Sans doute l'auteur est-il emporté par le type de précipitation qu'on a déjà vu à l'œuvre dans son livre, et que ce qui compte pour lui, c'est de faire feu de tout bois – tant pis si le bois est mouillé. Mais il faut quand même noter qu'il ne cite pas là un nom propre. Un « manitou » est un totem individuel, l'« esprit » animal protecteur de certains Indiens d'Amérique, et il y en a beaucoup. Car il y a des phénomènes religieux qui ne concernent pas Dieu, ou le dieu, ou un dieu, mais la puissance vitale par exemple de l'individu ou de la tribu, ou tel aspect du cosmos. C'est déjà une différence capitale dont il vaut mieux tenir compte. Mais il y en a bien d'autres, j'en dirai un mot tout à l'heure.

Il faut se méfier, *la* religion, c'est encore pire que *la* femme, si j'ose dire. On se trouve devant un sujet qui suppose la généralisation : il faut bien que les religions aient quelque chose en commun si on veut les classer dans la même catégorie. Mais c'est aussi un sujet où les généralités sont mortelles. C'est la première difficulté dont il faut être conscient.

La seconde, qui est plus épineuse encore, c'est que, si on parle de la religion de l'extérieur, on risque de ne pas saisir l'essence dont parle Gérard van der Leeuw. Ce n'est pas qu'on ne puisse rien dire des religions, comme si elles étaient d'ineffables mystères réservés à leurs adeptes. On peut parfaitement en étudier les rites et les doctrines. Il existe en ce domaine d'excellents et fort utiles travaux d'histoire et de sociologie qui sont indispensables si on veut s'informer du sujet. Ces études peuvent même faire apparaître des aspects des pratiques religieuses qui échappent à ceux qui les vivent.

Mais elles peuvent aussi passer à côté du sens de rites observés du dehors et leur attribuer des explications qui surprendraient à bon droit ceux qui les pratiquent. Surtout si on ne les interroge pas à ce sujet, ou si, pire encore, on les interroge et on attribue leurs réponses à une fausse conscience : certains sociologues savent ainsi mieux que vous ce que vous pensez (dans tous les domaines d'ailleurs) et pourquoi vous faites ce que vous faites et ce que signifie « en réalité » tout cela. Méprises comiques parfois, interprétations idéologiques souvent.

Le croyant ne croit pas d'abord à la religion

Mais l'essentiel du problème n'est pas là. Je ne saurais mieux l'exprimer qu'en disant qu'un croyant, et j'entends par là l'adepte de n'importe quelle religion, ne s'intéresse pas d'abord à la religion. Une religion, autrement dit, a un objet, qu'il s'agisse de l'adoration d'une pierre ou d'une source sacrée ou du culte du Dieu trois fois saint. Elle est relation à cet objet et elle ne prend pas cette relation comme objet, au contraire de ce qui se passe dans les meilleures histoires, sociologies et phénoménologies de la religion. C'est le sacré ou le dieu qui fascine le croyant, non les démarches par où il exprime cette fascination.

Et quand on commence à s'intéresser, du point de vue religieux, à ces démarches pour elles-mêmes, c'est qu'on commence à s'éloigner de la religion. On en a un exemple caricatural dans certaines conceptions théologiques contemporaines où c'est le discours sur Dieu qui devient l'objet d'une théologie exténuée, qui pourrait aussi bien se déployer sans Lui. Elle le fait parfois explicitement, par exemple dans les théologies de la mort de Dieu qui furent un temps à la mode ou dans celles, plus insidieuses encore, qui veulent « prendre congé de Lui »[1]. Théologies a/théologiques dont on peut à bon droit s'étonner. Tant qu'à faire d'être athée, autant l'être de façon moins détournée.

C'est toute l'ambiguïté aussi et l'impasse pour le croyant d'une étude des religions qui s'attache avant tout à l'expérience religieuse. C'est bien sûr un sujet d'étude légitime. William James a consacré ainsi aux *Variétés de l'expérience religieuse* un livre classique qu'on lit toujours avec profit. Mais il n'a pu le faire que parce qu'il s'intéressait à la nature de cette expérience et à son effet sur le psychisme humain, effet généralement bénéfique à ses yeux, et nullement à sa vérité possible, vis-à-vis de laquelle il gardait un agnosticisme respectueux mais résolu.

Mais pour le croyant, s'intéresser à ce qu'il éprouve est un retour sur soi qui l'éloigne de ce ou celui qu'il prétend adorer. Et quand on assure, en allant jusqu'au bout de cet

1. Par exemple chez l'anglican Don Cuppitt, dont le livre *Taking Leave of God*, 1980, a été réédité récemment (2000).

intérêt, que « comme la peinture et la musique, la religion n'est pas obligée d'avoir un autre objet qu'elle-même[1] », comme le veut Don Cuppitt, on abolit par là même la seule chose qui la justifie – et j'entends subjectivement, il n'est pas question ici de son éventuelle vérité. Comme on l'a dit en prenant un exemple hors des monothéismes, mais tout aussi valable pour eux, « c'est à Dionysos que pensaient les Ménades et non à leur religion[2] ». On les voit mal galoper sur les montagnes dans un état de transe parce qu'elles auraient trouvé fascinant le fait de vivre une des formes de religion orgiaque. On peut certes cataloguer et analyser avec pertinence ces dernières. Mais sans Dionysos, que signifie la danse de ses adeptes ?

On comprend la difficulté : décrire un rituel ou une expérience intérieure, tout aussi objectivée que le rite par le fait même de la décrire, empêche de saisir ce qui fait le sens, l'intentionnalité, si on peut user d'un terme philosophique, et du rite et de l'expérience. Et pourtant ces derniers sont les seules choses dont on puisse parler. Mais il ne faudrait jamais oublier cette intentionnalité, et que le croyant ne croit pas d'abord en la religion.

Si on l'oublie, ou si on le nie de façon malintentionnée, comme c'est le cas d'Onfray, on ne voit plus comme lui dans les phénomènes religieux que des conduites extravagantes ou des états d'âme névrotiques.

1. Cette comparaison néglige la poursuite de la beauté et réduit singulièrement l'expérience esthétique, mais c'est une autre question.

2. C. S. Lewis, *God in the Dock*, 1970, réédité en 2002.

L'extravagance des rites ou « comment peut-on être persan ? »

Parlons d'abord de l'extravagance, car il faut quand même faire justice des sarcasmes dont ce livre croit pouvoir accabler toutes les manières dont les hommes entretiennent « un rapport avec le divin et le sacré ». Car s'il fallait le prendre au mot, la religion ne serait qu'un phénomène grotesque dont on ne voit pas l'intérêt qu'il y aurait à essayer de savoir ce que c'est.

Ce serait même un phénomène scatologique, si on en juge par la collection pittoresque de rites impliquant des excréments dont la liste nous est fournie en I, 4. Mais même en dehors de cet intéressant aspect, Onfray mélange allègrement dans sa préface les croyances les plus diverses, qui vont de la « présence des anges » à la « résurrection d'un homme crucifié », des « miracles à l'hémoglobine » (?) aux « larmes de la Vierge », pour finir par la conviction de l'« effet transcendant du nitre égyptien » et de l'efficacité des « moulins à prière ».

Ce mélange est habile, qui veut confondre dans la même ineptie des croyances semble-t-il respectables et des superstitions qui le paraissent moins. On se croirait devant certaines énumérations du temps des Lumières, où en se moquant des « absurdités » de telle conception religieuse primitive, on cherchait en fait à discréditer celle que l'on visait principalement – comme par hasard la même que celle qui fait l'objet de l'animosité de notre athéologue.

Mais il n'est pas question ici de défendre une religion « éclairée » qui n'aurait rien à voir avec ces « facéties » et « billevesées » « primitives ». Les religions les plus évoluées ont toutes un fond primitif ou, si l'on préfère, ceux qu'on appelle inexactement et dédaigneusement les primitifs ont tout autant que nous de véritables religions, dont certains éléments se retrouvent dans les formes les plus évoluées de la vie religieuse. Dans le christianisme en particulier, il y a une tension entre la rationalité qui le caractérise, on l'a vu, et des formes de « pensée sauvage », pour parler comme Lévi-Strauss, tension fructueuse, vivante, qui fait qu'il ne se réduit ni à un système purement intellectuel ni à un débordement de pratiques ou de cérémonies bizarres.

De manière générale, devant des rites surprenants, au lieu de ricaner, il serait plus intelligent de se demander quel sens peuvent avoir ces extravagances, présentes ou passées, pour ceux qui les pratiquent ou les pratiquaient. Cela manifesterait aussi plus de compréhension des êtres humains que de décréter *a priori* que ce sont tous des abrutis, tout en s'exceptant soi-même de l'imbécillité générale.

Il faut évidemment replacer les coutumes les plus apparemment étranges dans leur contexte, ce qui permet de juger de leur importance religieuse, inégale selon les cas, comme on peut le voir en analysant les listes que j'ai citées, et peut-être aussi de mieux se les expliquer. Un exemple suffira, celui du moulin à prières. On peut difficilement traiter de primitif le bouddhisme tibétain, et nos préjugés nous font trouver cette pratique singulière de sa part. Mais c'est que nous la regardons alors de l'extérieur, comme si ce n'était qu'un geste d'une superstitieuse ineptie. Mais c'est justement parce que le bouddhisme est une religion évoluée[1] qu'il a reconnu la valeur de la prière de répétition. C'est une voie d'accès bien connue à la méditation, et elle est souvent utilisée à cette fin dès que les hommes essaient

1. Le Bouddha n'a pas fondé une religion, il a proposé une sagesse et une ascèse. Mais, après sa mort, le bouddhisme se transforma très rapidement en véritable religion.

de prier, démarche fondamentalement religieuse dont Onfray pourtant ne souffle mot. Pensons non seulement à la répétition des mantras, mais aussi à celle des chants brefs de Taizé, et au rosaire, et à ce que les chrétiens orientaux appellent la « prière de Jésus ».

La névrose, une explication un peu facile…

Que penser en outre de l'idée que ce qu'on juge folie serait un signe de folie, puisque ces extravagances névrotiques manifesteraient une fuite morbide de la réalité ? On pourrait d'abord dire que c'est aller un peu vite en besogne que de rejeter ainsi dans la « pathologie mentale » toute l'humanité ou à peu près, puisque la religion est un phénomène fort répandu. J'admire ceux qui se croient ainsi capables, du haut de leurs normalité, sagesse et bon sens, de renvoyer tout ce qui n'est pas eux à la névrose ou même à la schizophrénie. Mais c'est la grande idée d'Onfray, sa seule idée pratiquement, une idée fixe qu'il répète tout au long de son livre : la religion sous toutes ses formes est née chez les hommes de la peur de la mort, et s'est épanouie, si on peut dire, dans une fascination de la mort. On a vu que le rapport de la pulsion et de la peur n'est pas très clair chez lui. Mais ce qui est net, c'est que la peur est originelle – voir sa définition de Dieu – et que la religion, toute religion, n'est jamais qu'un ensemble de moyens imaginaires pour la conjurer.

Il ressort bien à un moment une vieille interprétation positiviste, selon laquelle la religion serait née de l'ignorance. Nos lointains ancêtres, ne comprenant pas la raison des phénomènes naturels, les auraient expliqués en les attribuant à des dieux ou à des puissances surnaturelles. De ce point de vue, la religion est un « mode de rationalité primitif », largement dépassé ; et, si on doit enseigner le fait religieux, comme on dit, c'est de cette manière, selon Onfray, qu'on devrait la présenter.

Il est hostile à l'idée de cet enseignement, sous prétexte que les « prêtres » en profiteront sûrement pour réintroduire « en douce » les « fables de l'Ancien et du Nouveau Testament » et les « fictions du Coran » dans l'esprit des pauvres enfants. Il faudrait au contraire s'en servir comme des « proto-sciences », pour montrer que « le mythe, la fable, la fiction, la déraison précèdent la raison ». Suit une de ces listes affectionnées de l'auteur, où il donne des exemples utiles. Ainsi l'alchimie a précédé la chimie, la mythologie l'histoire, la pensée magique la philosophie, la géométrie euclidienne les géométries modernes…

Il est fâcheux qu'emporté une fois de plus par la rapidité de son écriture, il fasse ainsi des *Éléments* d'Euclide une incarnation de la déraison… Mais d'une façon plus générale, les religions ne se donnent pas comme des explications, « proto-scientifiques » ou non, des phénomènes du monde. Comme on l'a vu, la foi n'est pas en concurrence avec la science, et, si une idée est dépassée, c'est bien celle qu'on a parfois soutenue au XIXe siècle, où certains voyaient dans les religions des explications infantiles dues à une ignorance primitive. Si cela était vrai, on serait alors légitimement perplexe devant leur persistance une fois que cette ignorance est dissipée. On l'est moins si cette théorie n'a aucun rapport avec la réalité du phénomène religieux.

C'est bien ce que pense Onfray en fait, et il ne s'attarde guère sur cette idée, qu'il exhume sans doute parce qu'un argument antireligieux, même éculé, est toujours bon à prendre. Mais la peur de la mort est loin d'être seulement ancestrale, elle est toujours là, et c'est pourquoi les croyances qui la conjurent en principe sont toujours florissantes.

Onfray y va de sa petite phénoménologie de cette peur, angoisse devant la mort de l'autre, crainte de son propre anéantissement, et dans les deux cas, recours à des fictions religieuses pour les supporter. « Dieu naît » ainsi, écrit-il carrément, « des raideurs [...] cadavériques des membres de la tribu », et « la religion répond au creux ontologique découvert par quiconque apprend qu'il va mourir un jour ». La thèse est simple, mais elle n'est convaincante que pour ceux qui n'ont pas la moindre idée, je ne dis même pas de l'expérience de vivre une religion, mais tout simplement de l'histoire du phénomène religieux. On peut montrer, sans faire appel à aucune croyance et en se fondant sur des faits historiques accessibles à tous, que la généalogie de la religion qui nous est ici proposée, assenée plutôt, est remarquablement fausse, et que la thèse d'Onfray, purement polémique, ne tient pas debout.

Survivre à tout prix ? Ça dépend dans quel état !

Dans bien des cultures, l'homme n'a pas besoin de religion pour s'assurer qu'il survit à la mort. Il y survit sans cela, et ce n'est pas gai. La religion au contraire, comme le montre son histoire, lui permet selon les cas soit d'échapper à ce triste sort, soit de le rendre moins dangereux pour les vivants, soit enfin d'en détourner son attention, de le rendre en quelque sorte secondaire, bien avant de lui promettre une survie qui vaille le coup.

Un des premiers faits massifs qui démentent ainsi l'idée d'Onfray, c'est l'existence des religions de l'Inde, par où j'entends les religions originaires de l'Inde, les différentes variétés de l'hindouisme, le jaïnisme et le bouddhisme. Loin d'être fondées sur la peur de la mort, elles le sont sur le désir d'échapper à la vie et nullement de la perpétuer dans quelque autre monde. Toutes ces religions partagent en effet la même croyance en la réincarnation, mais pas à la manière des Occidentaux qui y projettent un optimisme dérivé des religions du Créateur et trouvent cette perspective heureuse dans la mesure où elle fait échapper au néant. Pour les croyances indiennes, la réincarnation est au contraire une réalité affligeante, car elle perpétue le cycle, in/terminable au sens propre, de la vie avec ses peines et ses afflictions, la roue de l'existence qui ne s'arrête jamais de tourner. Perpétuer la vie, c'est donc perpétuer la souffrance, c'est vraiment mettre à la roue.

Les religions nées de cette attitude fondamentale ne visent donc nullement à procurer à leurs disciples l'immortalité, ce sont des moyens au contraire de gagner une libération définitive, un état plus ou moins clairement défini selon les cas, mais qu'il serait trompeur de considérer comme une vie éternelle. Bien sûr, elles comportent toutes sortes de niveaux et de variations à ce sujet, mais c'est bien leur fond commun. Ce sont pourtant bien des religions, et même de « grandes religions », comme on dit. Mais elles s'opposent radicalement à l'espérance des monothéismes. Ici encore, on surprend Onfray en flagrant délit de provincialisme et d'esprit de clocher, puisqu'il ne songe évidemment qu'à contrer ce que prêche sa paroisse en ignorant le reste du monde.

Mais voyons ce qu'il en est dans des contrées qui nous sont plus familières. Pour commencer par les conclusions théologiques tirées de la raideur cadavérique, il est clair qu'Onfray projette sur les « membres de la tribu » une psychologie éventuellement possible chez un moderne (plutôt post-chrétien d'ailleurs) mais inattestée ailleurs.

On sait qu'un des premiers signes de l'humanité de nos ancêtres préhistoriques est d'avoir pratiqué des rites funéraires, en colorant d'ocre rouge les ossements des morts et en déposant des objets, nourriture, armes ou bijoux, auprès des corps. Il est clair qu'en l'absence de documents écrits, on ne peut savoir à quelles croyances exactement se référaient ces pratiques, et il faut se méfier des interprétations qui pourraient nous venir à l'esprit. Comme le dit Chesterton dans une de ses pertinentes plaisanteries, il est clair que les Anglais du XXe siècle croyaient que les morts étaient doués d'odorat, puisqu'il couvraient leurs tombes de fleurs[1]...

Mais quel qu'ait été le sens de ces offrandes, elles n'attestent en rien d'une « génération du divin » à l'occasion de la mort d'un proche, comme si on était passé tout à trac de la vision du cadavre à l'idée de Dieu. Elles témoignent simplement d'un comportement humain quasi spontané, qui fait qu'on n'enterre pas un homme « comme un chien », et qui ne préjuge en rien de l'éventuel destin de cet homme outre-tombe. Dieu, si je puis dire, n'a rien à voir là-dedans, et il est excessivement improbable que les ancêtres dont nous parlons se soient fait une idée de Lui, même s'ils ont eu, comme tous les hommes, des intuitions métaphysiques. Et il est encore plus improbable, si c'est possible, qu'ils aient fait dépendre la survie de cette idée au mieux inchoative et peut-être inexistante. En revanche, comme une quantité de peuples qui pratiquent des rites funéraires et sur lesquels nous avons au contraire des documents ethnolo-

1. *Heretics*, chap. 11, « La science et les primitifs ».

giques à foison, ils croyaient sans doute tout simplement que la vie continue, sous une forme ou sous une autre.

La peur de l'anéantissement ne semble pas avoir été une des premières terreurs de l'humanité. Ce n'est pas la mort qui fait peur, dans bien des cas, ce sont les morts. Dans beaucoup de cultures dites primitives, ce sont eux que l'on craint en effet, l'on a peur d'eux en général, ou l'on redoute certains d'entre eux, hommes victimes d'une mort violente ou femmes mortes en couches, qui deviennent des esprits malfaisants parce qu'ils en veulent aux survivants. Les cérémonies de funérailles ont ainsi dans bien des cas le but avoué de les empêcher de « revenir » hanter les vivants. On sait que la peur des fantômes et des « revenants », justement, est loin d'avoir disparu de temps moins archaïques que ceux auxquels je fais allusion. Mais cette peur est l'exact opposé évidemment d'une angoisse de la disparition ou du néant : les morts, dans cette optique, ne disparaissent *pas assez*.

Cela ne veut pas dire que les primitifs ou les anciens, ou comme on voudra les appeler, n'avaient pas comme nous tous peur de la mort. La croyance quasi universelle en une survie n'en était pas l'antidote, car – et je laisse ici de côté les peuples d'avant l'histoire sur lesquels on ne peut que spéculer – cette survie n'avait souvent pour eux rien de bien réjouissant. Il ne suffit pas de se continuer sous une forme spectrale au sens propre pour se consoler de ne plus voir la lumière, comme disaient les Grecs. On a tout à perdre en perdant la vie, et pendant des millénaires, on n'a pas su ce qu'on y gagnait – ou pouvait peut-être y gagner. Autant l'idée de vie continuée est ancienne, autant l'idée d'une vie éternelle positive est récente dans l'histoire de l'humanité. Il a fallu de longs détours pour y arriver, qui représentent en fait une bonne partie de l'histoire religieuse des hommes, la longue route des monothéismes. Si on la court-circuite comme dans l'hypothèse d'Onfray, on se condamne à ne rien comprendre au rapport de la mort et de l'idée de Dieu.

Exception faite sans doute des anciens Égyptiens, obsédés de toute façon par la mort, les peuples de l'Antiquité croyaient certes en un autre monde, mais ce dernier était généralement sinistre. Ces arrière-mondes dont Onfray craint la séduction ne pouvaient en rien détourner de la vie d'ici-bas nos ancêtres hébreux, grecs ou mésopotamiens, pour la bonne raison qu'ils représentaient pas une vie d'en haut, mais une vie d'encore plus bas, si on peut dire. C'est le sens étymologique de notre mot « enfer », le lieu inférieur. Bien avant d'être un lieu de châtiment, que l'on peut donc au moins essayer d'éviter par la grâce de Dieu ou la fidélité à la Loi, et dont certains espèrent même qu'il est vide, c'était la destination ténébreuse de tous.

Chez les Grecs, il ne faut pas commencer par les spéculations de Platon sur l'âme. Le *Phédon*, qui débat de son immortalité, sans conclure d'ailleurs à autre chose qu'une probabilité, un « beau risque » à courir, ne correspond pas aux croyances courantes en Grèce sur ce qui survit de l'homme dans l'Hadès. Celui-ci est le séjour des ombres, bien nommées car elles ont perdu toute consistance ; c'est aussi le lieu qui recueille toutes les ombres sans distinction, même si la mythologie y a introduit peu à peu quelques châtiments exemplaires pour des criminels notoires et des Champs élyséens pour les héros. Mais le fond apparaît bien chez Homère.

Lorsque Ulysse, au chapitre 11 de l'*Odyssée*, veut s'entretenir avec les morts, il faut d'abord qu'il offre un sacrifice et en répande le « sang noir ». Attirées par ce breuvage vital, ils s'agglutinent autour de lui, mais ne peuvent lui parler et reprendre un semblant fugitif de vie que s'il les laisse en boire. Et même ainsi, on ne peut les étreindre. Quand Ulysse veut embrasser sa mère, celle-ci lui échappe comme « une ombre ou un rêve », et « la peine redouble dans [son] cœur »[1]. Et lorsqu'il rencontre l'ombre d'Achille, et qu'il le félicite de sembler régner encore sur ceux qui l'entourent, celui-ci lui répond clairement : « Oh, ne me farde pas la mort, noble Ulysse ! J'aimerais mieux vivre en valet au service d'un pauvre fermier [...] que régner sur tous ces morts, sur ce peuple éteint[2] ! » On ne peut mieux évoquer l'insubstantialité pathétique des morts, leur non vie. « Un chien vivant vaut mieux qu'un lion mort », comme le dit lui aussi l'Ecclésiaste[3], avec son laconisme habituel.

Et comme l'auraient dit aussi, comme le disent en fait les anciens Mésopotamiens, pour qui le séjour des morts est encore plus lugubre que l'Hadès, lieu de silence et de poussière où croupissent ce qui reste des humains quand ils ont quitté la vie, à peine des ombres et certainement pas des âmes.

L'admirable *Épopée de Gilgamesh* est une preuve de plus à verser au dossier qui montre que l'angoisse de la mort ne débouche en rien sur l'idée d'un Dieu qui en sauverait les hommes. Il y a bien des dieux en Mésopotamie, et ils s'occupent même à l'occasion des affaires des mortels, mais rarement avec bon vouloir, et sans la moindre intention de leur communiquer leur propre vie. Gilgamesh n'a que faire de ces puissances capricieuses, ce qu'il voudrait, c'est échapper à la mort et à la survie qu'elle implique. Il souffre,

1. *Odyssée*, 11, 207-208. Virgile a imité ce passage lorsque Énée rencontre son père aux Enfers, au livre VI de *L'Énéide*, ce qui montre que cette conception était toujours vivante des siècles après Homère.
2. *Odyssée*, 11, 488-491.
3. 9, 4.

comme Onfray et comme nous tous, à la fois de la mort d'autrui – il perd un ami, un frère, Enkidu – et de la crainte de sa propre mort à laquelle celle de son ami le renvoie. Mais cette crainte n'est en rien apaisée par la description que lui fait l'ombre d'Enkidu du séjour des « habitants de la poussière ». Il se met donc à rechercher la véritable immortalité, c'est-à-dire un moyen de ne pas mourir du tout.

Et l'ironie et la profondeur de ce récit, c'est qu'il le trouve – et le reperd aussitôt, par distraction, par inadvertance, comme si les hommes ne pouvaient le trouver qu'en rêve et que ce soit une illusion absolue que de croire pouvoir déjouer la mort. « Vanité des vanités [...], tout est vanité. Tout s'en va vers un même lieu, tout vient de la poussière, tout s'en retourne à la poussière. »

L'exemple majeur des Hébreux

On a reconnu l'Ecclésiaste[1], et il est temps d'en venir au cas des anciens Hébreux, capital évidemment si l'on considère la genèse du monothéisme. Ils avaient une conception du séjour des morts qui n'avaient rien à envier à celle de la Mésopotamie. Le *shéol*, comme ils l'appelaient, ressemble beaucoup à ce que nous en dit Enkidu. Ils avaient en revanche un sens éclatant de Dieu, et s'ils ont évidemment emprunté aux mythes de l'aire culturelle mésopotamienne, ils les ont radicalement transformés en y introduisant l'idée d'un Dieu créateur, qui fait alliance avec les hommes.

D'où que vienne cette idée – révélation pour les uns ou génie particulier pour les autres – ce qui compte ici, c'est qu'ils ont loué avec exultation la gloire de Dieu (thème qui

1. 3, 20.

apparaît plus de cinquante fois dans les psaumes) sans que cela ait la moindre incidence, *pendant des siècles*, sur leur conception de l'autre monde. Ils adorent le Dieu vivant tout en restant persuadés qu'ils finiront au shéol. Cela ne les réjouit nullement, bien entendu, et ils n'hésitent pas à s'en plaindre à Dieu, en lui demandant, non l'immortalité comme Gilgamesh, mais au moins une vie la plus longue possible. « Car dans la mort, nul souvenir de toi ; dans le shéol, qui te louera[1] ? » Mais ils ne rêvent pas à l'immortalité, ils n'y pensent pas, ils ne la pensent pas. Ce n'est que tardivement, vers le IIe siècle avant J.-C., que la croyance à la résurrection des morts s'imposera peu à peu chez les Juifs, comme on le verra, et pas chez tous encore. À l'époque du Christ, les sadducéens par exemple n'y croient toujours pas.

On ne saurait trop insister sur ce fait, car il montre à l'évidence que le surgissement de ce qu'on a appelé la « rupture monothéiste », quelles qu'en soient les causes, n'est certainement pas dû à la peur de la mort et au désir d'une survie personnelle.

La généalogie d'Onfray n'est pas vraie historiquement, mais elle ne l'est pas non plus d'un point de vue phénoménologique. On a vu que la religion ne consistait pas en un intérêt pour la religion, parce qu'elle avait un objet. Mais cet objet, ce que le croyant vise dans l'acte religieux, ce ne saurait être avant tout un intérêt passionné pour son propre destin. Ce destin, en cette vie et peut-être au-delà, vient par-dessus le marché, et quand on ne s'en occupe pas : « Cherchez d'abord le royaume de Dieu [...], et tout cela vous sera donné par surcroît[2]. »

Il ne s'agit pas d'une condition préalable, mais de la

1. Psaumes 6, 6.
2. Matthieu, 6, 33.

nature même de l'expérience religieuse, qui est d'opérer un décentrement du sujet, ou de susciter un intérêt pour autre chose que le moi. Le désintéressement de l'attitude des anciens Hébreux manifeste ainsi la religion à l'état quasi pur. Il n'est pas question de les idéaliser, ils avaient comme nous un vif rapport à eux-mêmes et les psaumes sont pleins de leurs préoccupations spirituelles et temporelles. Mais ce qui fait de ces poèmes passionnés des documents religieux de premier ordre, c'est le fait que Dieu y est au centre. On y est aussi loin que possible d'une conjuration fantasmatique de la peur de la mort et d'une fixation sur une vie éternelle.

Dieu, une invention politique ?

Mais s'il faut donc écarter l'hypothèse d'une peur originelle de l'anéantissement personnel, faut-il se rabattre sur celle d'une peur d'un anéantissement collectif, d'une angoisse de la disparition du peuple ? L'idée de Dieu ne viendrait plus alors combler un « creux ontologique », ce serait une invention politique des Juifs, destinée à « rendre possibles la cohérence, la cohésion, l'existence de leur petit peuple menacé », ou à « assurer leur existence ontologique ». On voit qu'Onfray aime bien ce dernier adjectif, franchement redondant cependant quand il qualifie l'existence. Il aime aussi changer de pied sans crier gare, car voici qu'il attaque dans une autre direction, et ses généalogies de Dieu ne sont guère cohérentes. Mais peu lui importe sans doute, ce qui compte c'est d'attaquer !

Les Hébreux auraient ainsi donné du « galon cosmique » à un dieu « chef de guerre tribal », ce qui leur aurait inspiré une confiance en eux suffisante pour conquérir la terre « promise » et se constituer en nation. Ils auraient ainsi « fabriqué » une « mythologie » pour les besoins de la cause, sinon de toutes pièces, au moins avec le maigre matériau d'un dieu tribal semblable à bien d'autres, Mais cette hypothèse passe à côté du caractère unique de cette « mythologie ». C'est très joli de parler de l'« invention du monothéisme », non que l'expression soit choquante en elle-même, mais à condition de ne pas oublier ce qui a été ainsi inventé.

Car c'est par une innovation religieuse radicale, et dont nous vivons encore aujourd'hui, que le « dieu de leurs pères », comme le dit l'Exode en racontant l'envoi de Moïse en mission auprès de ses compatriotes, devient peu à peu le seul Dieu, Dieu tout court, au lieu d'être seulement un dieu plus costaud que les autres. Comment croire qu'il ne s'est agi là que d'un coup de force idéologique, où un législateur génial aurait tiré cette idée révolutionnaire de son chapeau en prévoyant simplement qu'elle serait bien utile pour remonter le moral des troupes ? Si Dieu n'existait pas, il fallait l'inventer !

Ce qu'il y a de beau dans ce genre d'explications, c'est qu'elles sont encore plus miraculeuses que les éclairs et les tonnerres du Sinaï, car dans ce cas Moïse aurait fait preuve d'une modernité surnaturelle en inventant ainsi ces techniques de manipulation des foules. Il ne s'agit pas de nier qu'il ait joué un rôle de leader et d'organisateur de son peuple, mais il n'a pu le faire à partir de rien. Il fallait bien que le feu du Buisson ardent couvât sous la cendre pour qu'il prenne avec une force qui a déterminé en effet l'existence de ce peuple. Mais si on dit alors que le monothéisme est une création collective, c'est encore plus miraculeux que tout le reste !

En fait, on peut décrire l'apparition, mais non déterminer l'origine du culte du Dieu unique. Pourquoi les Hébreux ont-ils « marché » dans la fable de Moïse, et fait

« marcher » après eux d'innombrables « monothéistes » ? Tout ce qu'on sait, c'est que ce n'était ni pour eux ni pour Moïse une fable utile, mais une expérience déterminante de la réalité. Pourquoi ne pas admettre, tout bêtement, le fait primitif de leur croyance, qui dépasse de beaucoup ce qui était nécessaire à la coalescence de quelques tribus nomades ?

D'autant plus que cette croyance a duré et que le peuple élu a conservé tout au long de son histoire une foi indéfectible en son Dieu. Il y a cru contre vents et marées, contre sa propre infidélité, contre les désastres accumulés – la division du royaume, la chute de Jérusalem aux mains de divers conquérants, la déportation de Babylone et l'exil, la domination romaine – contre tout ce qui faisait si souvent dire à ses ennemis, mais « où est-il, ton Dieu[1] ? ».

C'est qu'il tenait à Dieu parce que c'est Dieu, comme le montre un des sommets de la Bible : le Livre de Job. Devant les souffrances littéralement in/sensées de l'humanité, ce poème paradoxal ne donne pas de réponse, il ne se lance pas dans une justification des voies de Dieu envers l'homme, il ne nous fournit pas une de ces théodicées toujours insatisfaisantes qu'il est tentant mais vain d'entreprendre. Il ne parle même d'aucun salut. Non, ce qui justifie Dieu, c'est Dieu, la force et le prix incomparable de son existence créatrice, qui s'impose à Job dans une expérience brute, et brutale. Ce n'est pas le dernier mot de la révélation, mais c'en est un élément premier et essentiel. Il faut relire le finale de Job pour saisir que le mot « monothéisme » est bien faible et bien exsangue pour désigner la foi qui s'exprime dans les religions qui s'en réclament.

1. Psaume 42, 4 et 11.

B - La rencontre de Dieu

L'adoration

Il y a trois religions monothéistes, comme on le sait, et je voudrais rappeler, avant d'aller plus loin, leurs professions de foi fondamentales.

Pour le judaïsme, le *Shema*: « Écoute, Israël, le Seigneur notre Dieu est le seul Seigneur. Et tu aimeras le Seigneur ton Dieu de tout ton cœur, de toute ton âme et de tout ton pouvoir » (cf. Deutéronome 6,4).

Le christianisme n'ajoute rien sur ce point à ce qui est « le plus grand et le premier commandement » (Matthieu, 22,37) : « Tu adoreras le Seigneur ton Dieu et lui seul » (Luc 4, 8 et Matthieu, 4,10).

Quant à la *shahada* islamique, elle proclame de même: « Il n'y a de Dieu que Dieu. » Elle ajoute : « et Mahomet est son prophète », mais certaines écoles considèrent que la première partie est la plus importante.

Tu *adoreras* le Seigneur ton Dieu… Ce qui manque à toutes ces théories sur l'« origine du monothéisme », peur ou politique, c'est le sens du sacré, je veux dire l'idée que toute religion se définit par un rapport avec le sacré. Le monothéisme ne le conçoit pas à la manière des autres religions, mais il a cela de commun avec elles ; si on l'ignore, on se condamne à n'y rien entendre.

Seul le sacré suscite l'adoration, et il faut prendre évidemment ce dernier terme en son sens le plus fort. Les dictionnaires qui la définissent comme le fait de rendre un culte ne sont guère utiles pour la comprendre. Elle ne se résume pas en un cérémonial ou dans des rites, elle n'exprime pas la soumission d'un esclave envers un maître. Si elle éclate en louanges, comme on l'a vu dans les psaumes, comme on le voit dans les doxologies si fréquentes dans les lettres de Paul, ce n'est pas dans l'idée de louer un prince dont il faudrait se faire bien voir. La « gloire » qu'elle chante n'est pas la réputation d'un monarque qui aimerait la « célébration de sa grandeur », comme le croit Onfray, c'est le rayonnement ou la splendeur de l'être de Dieu dont on est heureux comme on peut l'être du rayonnement du soleil[1]. L'expression du *Gloria*, « merci pour ton immense gloire », le dit parfaitement.

L'adoration comporte la double attitude qui marque partout dans le monde la perception d'une réalité tenue pour sacrée, à la fois attirance ou désir et crainte ou recul, crainte qu'il faut définir, car elle n'a rien à voir avec la peur. Les analyses de Rudolf Otto[2] restent classiques à ce sujet Le sentiment du sacré est pour lui une catégorie originaire de la conscience, qui le perçoit comme une réalité autre que la réalité ordinaire et autre que le moi. Otto dit même « tout autre », concept qui a eu une grande fortune théologique, mais qu'il faut manier avec prudence. Car si cette réalité, pour employer un terme encore vague, était d'une altérité absolue, totale, on ne pourrait évidemment rien en dire, pas même ce qu'en dit Otto. Or il s'emploie à préciser ce qu'on ressent devant elle, ce qui suppose qu'il lui reconnaisse des caractéristiques propres.

Selon lui, le numineux, terme qu'il a inventé à partir de *numen*, puissance divine en latin, et qui s'est imposé dans

1. Les Anglais parlent d'un « glorious day » pour désigner un jour où le beau temps est éclatant.

2. *Das Heilige*, 1917. Traduction française sur la dix-huitième édition, revue par l'auteur, Payot, 1949 ; Petite Bibliothèque Payot, 1995.

l'étude des religions, le numineux a un double et indissoluble effet : il est à la fois attirant, *fascinans*, dit-il toujours en latin, et redoutable, *tremendum*. Ce mot signifie d'abord « qui fait trembler », mais il ne faut surtout pas confondre le saisissement qu'on éprouve devant le sacré avec une vulgaire terreur. On parlait autrefois d'une horreur sacrée justement, ce qui s'explique s'il s'agit bien d'un sentiment qu'on ne peut définir en le réduisant à un autre.

Pour en donner un exemple minimal et simplet, ce n'est pas du tout la même chose d'avoir peur d'être attaqué par des brigands dans un lieu écarté et de ressentir le saisissement que peut susciter une forêt en pleine nuit, réaction parfois manifestée par des rites de propitiation des puissances obscures qui s'y manifestent.

Cet ébranlement a d'abord comme occasion un objet[1] ou un phénomène du monde, mais qui tranche sur le monde parce qu'il est « énigmatique, surprenant, frappant, étrange, étonnant ». Otto n'a pas assez d'adjectifs à sa disposition pour exprimer ce qu'il veut dire, et il finit par préférer le terme « mystérieux », qui malheureusement est très usé en français. Peter Berger, sociologue des religions, préfère le terme « surréel », qui a moins servi dans ce domaine. Si l'on retient que le « mystère » ou le « surréel » est désirable et terrible à la fois, on aura déjà mieux, pour s'orienter dans le phénomène religieux, que l'idée infiniment pauvre qu'il n'exprime que la peur de mourir.

1. L'œuvre abondante de Mircea Eliade est très utile pour étudier ces « objets ». Voir par exemple son *Traité d'histoire des religions*, Payot, 1953, qui est en fait plutôt un répertoire de toutes les hiérophanies possibles.

Les signes de la transcendance

On voit que le sacré n'est pas tout de suite le dieu ou le divin : « Dans l'histoire des religions, Dieu est un tard venu[1]. » On ne sait pas à coup sûr par quels innombrables balbutiements s'est opérée la transition de tant de réalités sacrées à une seule et suréminente Réalité. Mais on en a peut-être une idée en comprenant, comme le rappelle Eliade, que ces objets, c'est-à-dire ces pierres, ces arbres, ces sources, ne sont jamais adorés pour eux-mêmes : ce « sont des signes », des « signes de la transcendance », comme le dit Peter Berger à propos de New York[2], car ces réalités qui font signe ne sont pas toutes au fond des bois. Elles « expriment toujours une réalité transcendante », dit de son côté Eliade[3]. Non pas qu'elles désignent d'emblée la divinité, mais elles transcendent, c'est-à-dire dépassent, leur propre facticité. Elles suscitent ainsi l'idée d'une altérité mystérieuse qui peut devenir un jour l'Autre par excellence.

Qu'on en juge par exemple en considérant l'épisode biblique de l'échelle de Jacob à Béthel[4]. Ce dernier est bien connu, quand ce ne serait que parce qu'il a donné lieu à une abondante iconographie. Les peintres ont aimé représenter cette « échelle » – qui devait plutôt ressembler à la rampe d'un ziggourat mésopotamien – où montent et descendent des anges au-dessus de Jacob endormi auprès d'une grosse pierre. Celui-ci reçoit en songe une confirmation divine de son élection et de sa destinée. Ses premiers mots, à son réveil,

1. Gérard van der Leeuw, *op. cit.*, § 11, 4.

2. Voir « New York City 1976 : a Signal of Transcendance », in *Facing up to Modernity*, 1977. On peut ajouter que cette méditation sur la ville moderne est toujours valable trente ans après.

3. *Traité d'histoire des religions*, *op. cit.*, § 82.

4. Genèse 28, 10-19.

sont pour reconnaître une présence divine : « Dieu est en ce lieu, et je ne le savais pas ! » Et, par une réaction typique, il éprouve de l'effroi et ajoute : « Que ce lieu est redoutable ! » Après quoi il érige la pierre auprès de laquelle il a dormi en stèle sacrée, et il appelle ce lieu Béthel, « maison de Dieu ».

Dans ce lieu et cette pierre sacrés, on reconnaît des hiérophanies très primitives, et pré-monothéistes. Au mieux, c'est un dieu local que l'on y honorait. Les prophètes ont plus tard regardé d'un mauvais œil ces pierres levées, phalliques, typiques des cultes cananéens. Dans le récit de Béthel, la stèle est réinterprétée par la foi au Dieu de l'Alliance, mais le sacré archaïque y apparaît encore très nettement, et on voit comment on passe du signe d'une transcendance à un signe de la transcendance.

Le côté légendaire du récit apparaît aussi sans doute dans le fait que Jacob y fait preuve, comme on l'a remarqué, d'une force herculéenne. Il est en effet supposé soulever à lui tout seul cette « pierre » ; or ces stèles ressemblaient plus à des menhirs qu'à de plus ou moins gros cailloux.

Mais la force est une de ses caractéristiques, comme cela est manifeste dans un autre épisode étrange, celui où il acquiert son nom d'Israël (« fort contre Dieu »)[1] et qu'on a intitulé, faute de mieux, la « lutte avec l'Ange[2] ». Au gué du Yabboq, Jacob combat toute la nuit contre un être mystérieux, qu'il vainc et qu'il ne vainc pas, et qu'il ne lâche pas avant d'avoir reçu sa bénédiction. Ce personnage refuse de lui donner son nom tout en changeant celui de son adver-

1. Selon une etymologie populaire donnée par la Bible elle-même (Genèse 32, 29), alors que ce nom voulait sans doute dire « Dieu est fort », puisque les noms en -el font El (Dieu) le sujet et non l'objet du verbe contenu dans le nom considéré. Une belle ambiguïté pour suggérer le combat spirituel de la foi !

2. Genèse 32, 23-32.

saire. Jacob interprète son combat comme une rencontre avec Dieu dont il a eu la chance de sortir vivant (verset 31), car selon une idée souvent répétée dans le Premier Testament, « on ne peut voir Dieu sans mourir », défaillance ultime devant le *tremendum*.

Mais nulle part le texte ne nomme Dieu, pas plus qu'il ne parle d'un Ange, qui s'est introduit là sans doute à titre d'euphémisme pour commenter la remarque de Jacob – la Bible use volontiers de l'expression l'« ange de Dieu » à la place de « Dieu » tout court. Certains détails du récit laissent même soupçonner des éléments folkloriques, comme lorsque cet esprit de la nuit doit s'en aller « parce que le jour se lève ». Quoi qu'il en soit de son énigmatique réalité, le sacré s'y manifeste dans toute sa force, son danger, sa fascination, et le fait qu'il nous échappe même quand nous croyons le tenir. Ce que traduit à merveille l'*Ange* de Delacroix, qui a plus l'air de danser que de lutter. Cet assaillant qui ne dit pas son nom ne représente encore qu'obliquement le Dieu de l'Exode ou des grands prophètes, le Dieu auquel nous pensons quand nous parlons de « Dieu », l'adversaire contre lequel lutte une athéologie bien mal symbolisée par Israël[1].

Les Hébreux n'ont pas commencé par là. Sans entrer dans une généalogie impossible, on sait qu'il leur a fallu du temps pour arriver à leur idée du Dieu unique[2]. Et au début, il a bien fallu qu'il y ait quelque part, ou plutôt chez certains – Abraham, Jacob, Moïse ? – des expériences du

1. Puisque Onfray a choisi la fresque de Delacroix pour la couverture de son livre.

2. Les documents recueillis dans la Bible représentent environ un millénaire d'histoire. Voir Jean Bottéro, *Naissance de Dieu*, Folio-Histoire, 1992, qui en présente un tableau remarquablement synthétique, et dépourvu de tout présupposé théologique.

sacré du type de celles que nous venons de voir, particulièrement fortes et originales. Sinon jamais ils ne seraient arrivés, eux ou leurs descendants, à la figure du Saint d'Israël, comme dira Isaïe, où « saint » ne signifie pas parfait moralement, mais numineux, ou absolument transcendant. Car ce sont des expériences de cette nature qui donnent naissance aux religions, et non une quelconque angoisse existentielle. Pour l'apaiser, il y a mieux d'ailleurs que des rencontres comme celles que l'on fait au gué du Yabboq !

Dieu, c'est avant tout Quelqu'un

Mais ces Hébreux d'autrefois ont perçu bien plus qu'une puissance sacrée. Le *quelque chose* qui dépasse le monde n'est pas resté vague à leurs yeux, comme il l'est devenu à ceux de bien des agnostiques d'aujourd'hui, qui croient sans en être bien sûrs que « *quelque chose* doit bien exister ». Cette croyance minimale en un *quelque chose* qui soit hors du monde enrage Onfray, car il y voit, à juste titre d'ailleurs, un vestige de la foi en une transcendance. Que l'athéisme bien sûr doit à tout prix conjurer. Vestige bien pauvre, mais qui est la base de la superstition toujours vivace qui empêche l'édification de la fameuse « éthique post-chrétienne ». Jerphagnon, qui parle lui aussi de ce *quelque chose* que l'on évoque parfois, y voit au moins un pressentiment de l'indicible ou de l'insondable, sans croire qu'il soit « prudent » d'aller plus loin[1], mais c'est qu'il admet l'existence et une certaine valeur spirituelle de l'expérience du sacré, même s'il la juge irrationnelle.

1. Lucien Jerphagnon, *Les dieux ne sont jamais loin*, Desclée de Brouwer, 2002, p. 168-169.

L'ancien Israël n'a pas eu cette prudence quasi postmoderne. Il a cru et proclamé que ce *quelque chose*, c'était *quelqu'un*. Il faut s'arrêter un peu sur cette idée de la personnalité divine. Nous sommes tellement habitués, que nous y croyions ou non, à l'idée d'un Dieu personnel que nous ne nous rendons plus compte qu'elle ne va nullement de soi. Mais il suffit de comparer la religion d'Israël et ses descendantes avec toutes les autres, pour en voir apparaître la nouveauté. Ce n'est ni une religion cosmique, où les puissances sacrées ou les dieux sont en continuité avec le cosmos (même fragmentairement appréhendé), ni une religion acosmique, où le cosmos, avec les dieux éventuellement, est une illusion et où le vrai sacré, l'absolu, est impersonnel. C'est une religion du Dieu unique, mais pas d'abord au sens d'un monothéisme métaphysique[1]. Sa personnalité s'impose avant son unicité, ou s'il est unique, c'est au sens où on dit devant certains êtres, il n'y en pas deux comme lui ! « Qui donc est comme toi parmi les dieux[2] ? » précède et fonde l'affirmation du Deutéronome : « Le Seigneur est Dieu et il n'y en a pas d'autres[3]. »

Le Dieu unique là où on ne l'attend pas

Comme les choses ne sont jamais aussi simples dans la réalité que dans les classifications que l'on fait sur le papier, il faut dire qu'il existe un aspect de l'hindouisme qui se rapproche beaucoup de l'expérience d'un sacré personnel et unique. Je veux parler du courant de la *bhakti*, qui est puissant dans l'Inde.

1. Voir Gérard van der Leeuw, *op. cit.*, § 20, 2.
2. Exode, 15, 11.
3. Deutéronome, 4, 35.

C'est un phénomène d'une grande complexité, auquel je ne puis ici que faire allusion. Mais on ne peut pas ne pas en parler si on envisage l'histoire du rapport de l'homme avec un sacré personnel. La *bhakti* consiste en effet en une dévotion ardente envers un dieu élu, si on peut dire, entre tous les autres. Ce dieu n'est pas toujours le même, et on trouve une grande variété de figures divines qui sont l'objet de cette piété intense. À première vue, on semble loin d'avoir quitté le chatoiement polythéiste de l'Inde. Mais ce dieu n'est pas une idole particulière qui ferait nombre avec toutes les autres dans un panthéon exubérant. Il représente ou désigne le Dieu suprême, Shiva ou Vishnou, dieu personnel qui diffère de l'absolu impersonnel prêché par le non-dualisme, l'autre philosophie religieuse de l'Inde. Vishnou est particulièrement important dans deux de ses dix avatars, c'est-à-dire de ses incarnations, Rama et Krishna.

Le salut qui permet d'échapper à la renaissance perpétuelle consiste ici en un rapport d'amour qui suppose la dualité continue des amants ou des amis. On doit certes pour y accéder avoir renoncé à l'attachement au soi, mais pas plus et pas moins que dans la mystique chrétienne, musulmane ou juive. Cette dualité sans laquelle on ne pourrait parler d'amour n'est pas un obstacle à l'illumination comme dans les non-dualismes, elle est l'illumination elle-même. Autrement dit, l'âme ou le soi y a un rapport avec un Dieu qui demeure transcendant au cœur de l'immanence même, à nouveau comme dans les mystiques évoquées.

Cette *bhakti* n'a jamais été mieux exprimée que dans un des sommets de la littérature indienne, et de la littérature religieuse tout court, la *Bhagavad-Gitâ*. Ce grand poème philosophique met en scène, on le sait, un prince guerrier, Arjuna, qui s'interroge sur la légitimité de la guerre et plus généralement sur la valeur de l'action et qui s'entretient avec le conducteur de son char, Krishna. Ce dernier répond avec autorité à ses perplexités, et se révèle peu à peu à lui comme Dieu, un Dieu qui demande l'amour de ses fidèles et le leur rend, malgré l'extrême distance qui le sépare d'eux.

Celle-ci apparaît de manière éclatante dans la théophanie célèbre du chapitre 11, qui traduit la transcendance par des images d'une force exceptionnelle. À la demande d'Arjuna, Krishna s'y révèle sous sa « vraie » forme, « infinie, primordiale », dans une suite d'apparitions monstrueuses, énormes, dévorantes – totalement in/humaines et terrifiantes. Vraiment « il n'y en a pas d'autre comme toi », lui répond Arjuna (v. 43), qui malgré sa terreur éprouve en même temps de l'amour (41, 44), selon la dialectique du sacré que l'on a vue à l'œuvre. À cette théophanie écrasante succède d'ailleurs immédiatement une exhortation de Krishna non pas à se tenir prudemment loin de Dieu, mais au contraire à L'aimer pour pouvoir « entrer en Lui » ou « venir à Lui ». Et la *Gitâ* elle-même s'achève par la révélation du « plus grand secret » ou du « plus mystérieux des mystères » qui est que cet amour est réciproque et que Dieu aime qui se donne à Lui (18, 64-65) : viens à moi, car « tu m'es cher », dit Krishna à Arjuna.

L'unité doctrinale de ce *Chant du Bienheureux Seigneur* est discutée par les spécialistes, qui y distinguent maints courants. Cependant le fond théiste, le plus primitif semble-t-il, y est évident, et le Dieu qui s'y révèle, *fascinans* et *tremendum*, y est éminemment désirable parce que c'est une personne, aussi paradoxale que soit sa « personnalité ». Autrement dit, la « fascination » prend ici la forme d'un désir de rapport avec Lui, jusqu'à l'intimité – intimité qui n'est possible que parce que c'est un Autre, sinon on n'a que des mystiques où on se rencontre soi-même.

Le Buisson ardent

Il en est de même dans l'expérience des religions nées dans l'Asie occidentale. Le Dieu d'Israël est certainement, Lui aussi, une personne, dont on connaît d'une certaine façon le caractère, et on sait que les auteurs des livres bibliques ne reculent pas devant les anthropomorphismes pour évoquer sa jalousie, sa colère ou sa tendresse. Mais c'est évidemment une personne peu ordinaire, qu'il faudrait dire aussi suprapersonnelle (ce qui s'exprime dans le christianisme par la doctrine de la Trinité). Elle est énigmatique même quand elle se révèle, comme en témoigne la théophanie du Buisson ardent[1].

Dieu appelle Moïse du sein de ce buisson en flammes mais qui ne se consume pas et lui confie la mission de faire sortir les Israélites d'Égypte. Moïse lui demande alors son nom, pour authentifier cette mission. Survient alors cette fameuse réponse que l'on a traduite longtemps par « je suis celui qui suis [ou qui est] [...] C'est mon nom pour toujours, c'est ainsi qu'on m'invoquera de génération en génération ». On sait à quel point cette assertion s'est révélée vraie, et quelle fortune théologique et philosophique a eu ce nom. Gilson parlait même à ce sujet d'une « métaphysique de l'Exode ». Mais si cette réponse fait certainement intervenir l'être dans le nom divin, il n'est pas sûr que tout ce que philosophes et théologiens y ont vu ensuite y ait été présent d'emblée. Bien qu'on ne puisse donner une seule traduction de cette formule, il est plus probable que Dieu répond : « Je suis qui Je suis ! », donnant ainsi et retenant à la fois son Nom, c'est-à-dire son essence.

Et cette essence est redoutable, et pas seulement par sa

1. Exode, 3, 1-15.

puissance, ce qui ferait de Dieu un tyran, et la peur des tyrans n'a rien de sacré, mais du seul fait qu'elle est ce qu'elle est, trop forte pour que les mortels en supportent la proximité. Le premier mot de Dieu à Moïse, c'est « n'approche pas », et Moïse se voile la face pour ne pas voir Dieu et mourir.

On retrouve ici la « frayeur » primitive de Jacob à Béthel, la stupeur de Job, une des deux composantes essentielles de l'adoration, qui peut presque être parfois un mouvement de recul. On en a un bel exemple dans le chapitre 6 d'Isaïe, qui raconte la vocation de ce prophète. Après une théophanie de la sainteté divine (le verset 3 est à l'origine du *Sanctus* de la messe), Isaïe s'écrie : « Malheur à moi, je suis perdu ! car je suis un homme aux lèvres impures [...] et mes yeux ont vu le Roi, le Dieu Sabaoth[1]. »

Mais ce mouvement de recul, très souvent évoqué dans la Bible, se double d'un mouvement inverse, et de la recherche d'une proximité : il suffit de lire les psaumes : « pour moi, approcher de Dieu est mon bien », « sur la terre je ne désire que toi », « mon âme a soif de Dieu, du Dieu vivant... »[2].

« Saisi d'horreur et enflammé d'amour »

Ce double mouvement n'est pas seulement une curiosité archaïque ; on le retrouve chez tous les croyants, anciens ou

1. Le « Dieu des armées », expression qui depuis longtemps ne désignait plus un chef de guerre. Ces « armées » sont la plupart du temps dans la Bible celles du ciel, les astres ou les anges, et il s'agit d'évoquer Dieu dans sa souveraine puissance. *Dominus Deus Sabaoth*, dit encore aujourd'hui le *Sanctus*. La traduction française, « Dieu de l'univers », est bien intentionnée mais faiblarde.

2. Psaumes 73 et 42.

modernes, de saint Augustin à Chesterton, pour ne citer que deux d'entre eux, le premier pour des formules ramassées dont il a le secret et qui résument à merveille cette attitude, le second pour un étonnant récit, une sorte de parabole qui la donne à voir mieux que bien des discours.

Devant Dieu, dit Augustin, *et inhorresco et inardesco*[1]. La concision du latin mérite d'être citée, car il est difficile de ne pas l'affadir dans la traduction (quelque chose comme « je suis à la fois saisi d'horreur et enflammé d'amour ») Augustin s'exprime ici au nom de tous les croyants « monothéistes », qui tous pourraient reprendre cette parole – y compris Arjuna. Comme ils pourraient dire aussi que Dieu leur est infiniment intime et infiniment transcendant, *intimior intimo meo et superior summo meo*[2] – « quelqu'un qui soit en moi plus moi-même que moi », dit magnifiquement Claudel[3].

Chesterton de son côté a écrit ce que j'ai appelé une parabole, un conte, un récit fantastique difficile à classer, *Le Nommé Jeudi.* Dans ce « cauchemar » – un rêve plein de sens en fait – un jeune poète, Syme, se trouve embarqué, sous le nom de Jeudi, dans une brigade de faux anarchistes[4] portant les noms des jours de la semaine. Ils se révèlent être comme lui de vrais policiers, recrutés par un chef inconnu qu'ils n'ont jamais vu, car leur entretien avec lui s'est passé dans une profonde obscurité. Ils se mettent alors à traquer l'Anarchiste en chef, le gigantesque et presque monstrueux Dimanche. Mais quand ils le rattrapent enfin, dans un domaine quasi paradisiaque, après une longue poursuite pleine de quiproquos et

1. *Confessions,* 11, 9, 1.
2. *Ibid.*, 3, 6.
3. *Vers d'exil,* VII.
4. Le livre date de 1908. Ce sont eux qui jetaient des bombes à l'époque.

d'aventures improbables, c'est pour découvrir avec une stupéfaction inouïe que leur chef caché et leur ennemi trop visible ne sont qu'une seule et même personne.

Il ne faut rien de moins qu'une fête que leur offre Dimanche dans le parc de son domaine pour apaiser leur cœur et leur esprit, tellement cet être énigmatique leur en a fait voir de toutes les couleurs. Cette fête nocturne est une image superbe de la résolution de leurs doutes et de leur réconciliation avec lui. Quand ses derniers feux s'éteignent, leur hôte mystérieux leur déclare, en redoublant l'énigme, « Je suis le Sabbat, je suis la paix de Dieu », avant que son visage ne remplisse le ciel – et que Syme ne se réveille, plein d'une inexplicable joie.

Ce conte est d'autant plus fort que Chesterton n'avait pas d'intentions théologiques bien claires lorsqu'il l'a écrit, et on peut le lire en un premier niveau comme un roman policier fantastique coloré d'une bonne dose de ce *nonsense* qu'affectionnent les Anglais. Mais qui peut nier que l'intuition du double aspect de l'absolu y soit criante ?

Mais il va plus loin encore, car il faut tenir compte aussi de la dernière interrogation de Syme, juste avant que la vision s'évanouisse. Malgré la joie de la fête, la souffrance fait encore question pour lui, comme pour Job, et il apostrophe avec véhémence cette « paix de Dieu » qui semble moquer la peine des hommes : « Avez-vous jamais souffert ? » Il ne reçoit pas de réponse directe, mais il lui semble « entendre murmurer un texte rebattu qu'il avait dû entendre quelque part, “pouvez-vous boire à la coupe[1] où je boirai ?” ».

C'est ce qui explique sa joie à son réveil : il se sent « en possession d'une impossible bonne nouvelle », qui trans-

1. Matthieu 20, 22. Cette coupe ou calice symbolise la passion du Christ.

forme maintenant sa vision du monde, autrefois tragique. L'allusion au Christ et à l'Évangile est faite d'une main si légère que le commentaire ne peut que l'alourdir, mais elle est capitale, s'il n'y a pas d'autre réponse au problème de la souffrance que la passion et la com/passion de Dieu.

C - « Choisis la vie ! »

La transcendance de Dieu dans le Christ

C'est la foi distinctive du christianisme, on le sait. Ce qu'on sait moins, ou ce sur quoi on insiste moins à notre époque, c'est que cette foi est proprement scandaleuse, comme disait saint Paul. Elle suppose en effet qu'on reconnaisse dans un homme particulier le Dieu trois fois saint, ce « roi d'une majesté redoutable » (*rex tremendae majestatis*) qu'invoquait un texte disparu aujourd'hui des liturgies, le *Dies irae.*

Certes il a existé bien des manières de se représenter Jésus à travers les siècles[1], et on s'est formé de lui des images si contrastées qu'elles en sont parfois contradictoires. Même Onfray, qui croit que Jésus n'a qu'une « existence conceptuelle », « construite sur du vent », est bien obligé d'admettre que cette construction a des aspects antinomiques, on l'a vu : trop de douceur, parce que Jésus est le garant d'une résistance purement spirituelle et donc dérisoire à la domination romaine – c'est tout juste si Onfray ne demande pas

1. Voir l'enquête de Jaroslav Pelikan, *Jesus Through the Centuries*, Yale University Press, 1999.

combien il a de divisions. Et pourtant trop de violence, parce qu'il chasse les marchands du Temple, maudit les hypocrites et prétend être venu apporter le glaive et non la paix. Il faudrait savoir !

En fait on ne peut pas choisir entre toutes les images de Jésus, dont aucune ne peut contenir tous les aspects de cette personnalité insaisissable, telle qu'elle nous apparaît dans les textes du Nouveau Testament, et cela reste vrai même si on ne voit dans leurs auteurs que des rêveurs « auto-intoxiqués ». Et si on privilégie une de ces images, on risque de s'égarer, c'est-à-dire de ne plus comprendre ce dont on parle. Ainsi, une certaine façon de faire de Jésus seulement un compagnon ou un ami, ou pire un copain, oublie qu'il suscite aussi l'adoration, et méconnaît donc le sens même de ce compagnonnage. « Et dire que je t'ai traité de camarade ! » dit Arjuna[1] ; et pourtant Krishna, pour lui, s'était bien transformé en camarade...

Deux exemples, mais ce sont loin d'être les seuls. Lorsque Pierre, après une pêche inattendue et surabondante, se jette aux pieds de Jésus en lui disant : « Éloigne-toi de moi, parce que je suis un homme pécheur[2] », il ne s'agit pas d'une réaction morale, malgré le terme « pécheur » (concept qu'il ne faut pas d'ailleurs interpréter en termes de pure moralité). Il n'est pas question de jugement dans ce passage, mais d'une manifestation de la puissance divine qui remplit Pierre et ses compagnons d'« épouvante ». Ce dernier a devant Jésus la réaction qu'a l'homme devant le sacré, et lui dit au fond : ne m'écrase pas, moi qui ne fais pas le poids devant toi.

Et au début de l'Apocalypse, quand le narrateur voit

1. *Bhagavad-Gitâ*, 11, 41.
2. Luc, 5, 8-10

apparaître le Christ dans le rayonnement insoutenable de sa majesté de juge, il tombe « comme mort à ses pieds[1] ».

Les deux épisodes sont empruntés à des genres littéraires bien différents, Évangile et Apocalypse, qui n'obéissent pas aux mêmes conventions narratives ; et pourtant ils sont suivis tous les deux de la même parole, « ne crains pas », expression qui accompagne souvent les théophanies bibliques : surmonte ce mouvement inévitable de recul, car ce n'est pas lui qui doit avoir le dernier mot. Dans le christianisme en particulier, le disciple est invité à entrer dans l'amour. S'il est alors parfois trop familier, c'est comme Arjuna, par inadvertance, « mais aussi par affection », ou selon une autre traduction, « peut-être parce que je t'aimais ».

Mais pour qu'il ne s'agisse pas d'une simple sentimentalité, il faut savoir ce que l'on aime, ou en termes johanniques, « adorer en esprit et en vérité », puisque « Dieu est esprit », comme le dit le Christ à la femme de Samarie[2]. Il est clair qu'il ne faut pas interpréter cette phrase capitale à la manière de la philosophie idéaliste. Il ne s'agit pas de l'Esprit absolu de Hegel, et encore moins de l'esprit d'un spiritualisme mou et délavé, et qui prendrait ses distances avec la matière. C'est l'Esprit créateur et recréateur, qui dans une de ses manifestations, que nous appelons le Saint-Esprit, l'Esprit de la Pentecôte, a tellement « enthousiasmé », au sens propre[3], les Apôtres qu'ils avaient l'air d'avoir trop bu ce jour-là, et que Pierre a dû rappeler aux témoins de la scène qu'on n'était pas saoûl à neuf heures du matin !

1. Apocalypse 1, 17.
2. Jean, 4, 23-24.
3. Rappelons-le : « enthousiaste », comme le montre l'étymologie, veut dire inspiré ou possédé par le dieu.

Du shéol au paradis

Cet « enthousiasme » est essentiel au christianisme, sous des formes bien sûr moins spectaculaires, car la foi est loin d'être une exaltation permanente. Il ne contredit pas son rationalisme foncier, et l'effort de sa théologie, dont il est la source cachée. Et il inspire aux croyants une vie toute contraire à cette vie mortifère que leur attribue Onfray.

Pulsion de mort, vraiment ? Pulsion de vie plutôt, de joie, d'action, d'affirmation de l'individu, que l'on retrouve à l'œuvre un peu partout dans ce qu'on appelle la culture judéo-chrétienne, c'est presque une banalité de le rappeler. Dans la piété « monothéiste » en général, le fidèle en effet ne cherche pas à perdre sa propre identité ; même si c'est un mystique qui s'abîme en Dieu, celle-ci s'y trouve confortée et y puise un dynamisme considérable ; la vie intérieure des croyants échappe ainsi en principe aux pièges de l'égocentrisme spirituel.

Il n'est pas étonnant que la *Gitâ* prône l'action et non le renoncement à tout et renvoie Arjuna aux devoirs de sa caste : ce n'est pas une mystique nihiliste ou négatrice du monde, pas plus que la foi chrétienne. Les déviations sont toujours possibles, mais elle demeurent marginales. Les ermites fuient dans les solitudes, mais les hommes les y suivent, et des monastères se constituent autour d'eux, et des villes parfois autour des monastères... Tant la foi en Dieu dynamise la vie, loin de la détruire.

Bien sûr, c'est parce qu'elle communique une espérance, mais quelle caricature de l'évoquer en disant que « le croyant, naïf et niais, *sait* qu'il est immortel » ! Il ne sait rien de pareil évidemment, et la mort, la sienne et celle des autres, garde pour lui son horreur. Mais il *croit* qu'elle n'aura pas le dernier mot. Il le croit sur la parole de Celui en qui il a mis sa foi.

C'est une conséquence et non une cause de cette foi, et qu'on ne peut comprendre que si on a compris que le croyant croit d'abord en Dieu. Elle ne s'est développée, on l'a vu, que bien après que les hommes ont reconnu le Dieu vivant – qu'il s'agisse d'une révélation, d'une découverte ou même d'une imagination si l'on veut, car ce point d'histoire, je le répète, ne dépend pas de l'interprétation que l'on donne du phénomène.

Comment en est-on donc arrivé à croire en une vie éternelle, comment est-on passé de la résignation au shéol à l'espérance du paradis ? C'est par une évolution inverse de celle que nous ressasse la généalogie d'Onfray, puisqu'on n'est pas arrivé à l'idée de Dieu par peur de la mort, mais qu'on a cessé (relativement) de craindre la mort parce qu'on avait l'idée de Dieu. Parler d'idée est certainement trop abstrait, en tout cas ce n'est pas un vocabulaire biblique, mais cela permet d'énoncer nettement ce qui est en question.

Dans la perspective du premier monothéisme, si un rapport avec Dieu est possible, c'est parce que Dieu en a pris l'initiative. D'abord par l'initiative radicale de la Création, qui n'est pas une chiquenaude ontologique originelle, mais un intérêt constant du Créateur pour son œuvre. Ensuite par l'Alliance où il entre avec les hommes, Alliance toute gracieuse, puisque Israël n'est pas choisi à cause de ses mérites : « Ce n'est pas en raison de ta juste conduite ni de la droiture de ton cœur que tu entres en possession » de la Terre des promesses[1].

De cette foi en l'Alliance fidèle du Dieu Créateur avec son peuple, étendue à toutes les nations par l'universalisme

1. Deutéronome 9, 5.

du Second Isaïe[1], est née peu à peu la conviction que Dieu ne pouvait pas laisser tomber les hommes en les destinant à la fosse, comme dit énergiquement la Bible. Au contraire, Il leur ferait partager sa vie : « Non, Tu n'abandonneras pas mon âme au shéol, Tu ne laisseras pas ton fidèle endurer la fosse, Tu m'indiqueras le chemin de la vie, La richesse et la joie de ta présence, Et la douceur d'être auprès de Toi pour toujours[2]. » Car la vie « éternelle » n'a de sens que si c'est une vie avec Dieu, et non une survie in/finie : « la vie éternelle, c'est qu'ils Te connaissent, Toi le seul vrai Dieu », dit le Christ dans saint Jean[3]. Qu'ils Te connaissent comme on connaît un ami, et non une idée. On sait la force du verbe « connaître » dans la Bible, qui va jusqu'à désigner l'intimité sexuelle. Par exemple quand Marie par exemple répond à l'ange qui lui annonce la naissance de Jésus : « Comment cela se fera-t-il puisque je ne connais pas d'homme ? », elle ne veut évidemment pas dire qu'elle vit dans un milieu exclusivement féminin !

Cette espérance d'une vie éternelle a d'abord pris la forme d'une foi en la résurrection des morts, avant de s'exprimer aussi dans la croyance à l'immortalité de l'âme, notion problématique mais dont on ne peut sans doute faire l'économie sans tomber dans le non-sens[4]. On voit

1. On nomme ainsi celui qui a écrit les chapitres 40-55 d'Isaïe. Ceux-ci ont été attribués par la tradition à ce grand prophète et incorporés dans son œuvre, mais ils ont un autre auteur, tous les exégètes en sont d'accord.

2. Psaume 16, 10 et 11. Verset 11, traduction de Jean Bottéro. Cf. Psaumes 86, 13 ; 139, 7-10.

3. Jean 17, 3.

4. Voir par exemple une réflexion récente et pleine d'intérêt consacrée à ce problème par John Polkinghorne, qui est à la fois théologien (anglican) et physicien, et pas en deux moitiés séparées de son esprit, in *The God of Hope and the End of the World*, Londres, 2002.

bien qu'il s'agit d'une évolution proprement spirituelle, approfondissement d'une religion déjà pleinement existante et non suscitée, pour le répéter encore une fois, par le désir de ne pas mourir. Quand ce désir est spécifiquement religieux, dit le baron Friedrich von Hügel, « il ne commence pas par l'immortalité mais par Dieu ». C'est parce qu'on aime Dieu qu'on découvre peu à peu une immortalité qu'on ne cherchait pas[1]. Et si jamais on l'avait cherchée pour elle-même, on n'aurait sans doute jamais eu de religion, et cela n'est pas seulement vrai sur le plan historique mais aussi sur le plan individuel. Car même si on avait formé l'hypothèse d'un Dieu, que vaudrait-elle s'il ne valait que comme garant de notre survie ?

On peut même aller jusqu'à estimer, comme le fait C. S. Lewis dans ses *Réflexions sur les psaumes*, qu'un souci excessif de notre propre destinée peut vicier à la racine notre attitude religieuse. C'est particulièrement vrai si on y fait intervenir les récompenses ou les châtiments qui peuvent suivre la mort, surtout si on les considère en eux-mêmes, indépendamment de Dieu. « On peut soutenir que dès que "le ciel" cesse de signifier l'union avec Dieu et "l'enfer" la séparation d'avec Lui, ces croyances deviennent de nocives superstitions : d'une part une simple "consolation" des malheurs de cette vie, [...] de l'autre un cauchemar à rendre fou ou à faire de vous un persécuteur[2]. »

Ces dérives ne sont pas imaginaires, et Onfray avait là belle matière à vitupérer. Or il semble les ignorer complètement, en voyant une fois de plus midi à sa porte, puisque que les fins dernières n'occupent plus beaucoup les esprits

1. *Essays and Addresses on the Philosophy of Religion, 1st Series*, Londres, 1921.

2. C. S. Lewis, *Reflections on the Psalms*, chap. 4.

aujourd'hui : bien des croyants modernes ne croient plus assez au paradis, sans doute parce que leurs pères ont trop cru à l'enfer.

Ne parlons pas de ceux, sans doute pas croyants du tout, qui trouvent que le paradis doit sûrement être très ennuyeux, puisqu'ils n'y voient qu'une vie littéralement in/terminable agrémentée du son des harpes et des luths, comme disait la mère de Villon. Ce qui ne veut pas dire que le Moyen Âge s'extasiait unanimement sur cette idée. Le héros d'*Aucassin et Nicolette* n'a aucune envie d'un paradis où ne vont pas, selon lui, les beaux chevaliers et les dames courtoises, mais seulement des créatures usées qui n'ont pas vraiment vécu. Cela confirme *a contrario* l'idée que seul Dieu est intéressant dans cette affaire, puisque sans Lui, en effet…

On peut quand même ajouter que ceux qui pensent ainsi n'ont pas le plus petit commencement d'une idée de ce que le plus ordinaire des fidèles connaît dans la prière (nul besoin d'être un « grand mystique »). Et que dire de ceux qui méconnaissent l'image d'un concert pour évoquer le ciel, alors que la musique est, dans bien des cas ici-bas, annonce et anticipation du paradis ?

Cette anticipation du paradis, espérance ou désir de Dieu, ne fait pas dévier le croyant vers un arrière-monde « de pacotille », car la vie éternelle est déjà commencée pour lui ; c'est même ce que veut dire « éternel » dans ce cas, présence actuelle de Dieu et à Dieu, plénitude de vie dès aujourd'hui. Quand Thomas d'Aquin nous suggère de demander à Dieu « de voir le bonheur sur la terre des vivants[1] », ce n'est pas seulement une invocation qui concerne les derniers temps,

1. *Tu nos bona fac videre in terra viventium*, séquence *Lauda Sion salvatorem*. Cf. Psaumes 34,13.

c'est bien le secret de « celui qui aime la vie » dès maintenant, comme le dit le psaume dont il s'inspire.

Vérité de l'espérance ?

Évidemment les chrétiens, et les croyants monothéistes en général, pensent qu'ils espèrent une réalité, autrement dit que ce qu'ils croient est vrai. Nous voilà donc obligés de nous poser la question périlleuse de la vérité, ou de la prétention à la vérité, dans le domaine religieux. On peut, bien entendu, la trancher par la négative, en réduisant d'emblée toute vérité de cet ordre à n'être que billevesée fantasmatique ou rêverie exaltée. Mais si on ne se résout pas à nier toute valeur à l'immense effort religieux des hommes et à la richesse des traces qu'il a laissées dans toutes les cultures, n'y a-t-il pas une autre voie que la brutalité athéologique ?

On a le sentiment que bien des gens accepteraient mieux la prétention des religions, à dire vrai, s'il s'agissait d'une vérité symbolique plutôt que d'une vérité vraie, si on peut dire. Car cette prétention, caractéristique en particulier des monothéismes, passe pour une intolérance... intolérable (on sait que notre époque ne tolère que ce qu'elle juge tolérable, ce qui ne mange pas de pain, comme on dit).

Bref, les religions seraient beaucoup plus sympathiques si elles s'abolissaient en tant que religions en se livrant à une démythologisation générale, qui découvrirait sous les oripeaux mythiques, comme dit le cliché, le noyau essentiel de chacune d'entre elles. Ce serait au fond toujours le même, puisque chacune ne serait que le système de mythes qui l'exprime dans tel peuple ou telle culture. Et en avant pour le discours que nous avons déjà rencontré sur la kyrielle de noms divins qui se réfèrent tous à la même mystérieuse réalité. De ce point de vue, toutes les voies vers Dieu seraient valables, comme le prétendait déjà le syncrétisme antique, interrompu par l'intransigeance monothéiste.

Cette position est assez confortable : elle n'oblige pas à choisir de façon radicale, et elle donne un agréable sens de supériorité intellectuelle, puisqu'on n'est pas limité par l'étroitesse de vue de ces malheureux croyants qui prennent leurs credos à la lettre. On voit le fond des choses dont ils ne voient que la surface.

Mais ce n'est pas encore la solution, et on n'a là qu'une fausse profondeur. À supposer même que les mythes ne soient que des collections de signes à déchiffrer, qu'est-ce qui permet d'y réussir avec tant d'assurance ? Comment sait-on qu'on a atteint le noyau ou le cœur de cette forêt de symboles ? Il faut bien qu'on ait déjà par ailleurs un accès direct à ce qui est ainsi symbolisé pour pouvoir y comparer les images des religions. Être symbolique tout court est une expression dépourvue de sens : de quoi l'est-on ? Mais comment connaît-on ce symbolisé, sinon par ces symboles ? Peut-on comprendre une langue en décidant d'en négliger tous les mots ?

Toutes les *voies* vers Dieu se valent, dit-on. Fort bien. Mais comment sait-on que ce sont des voies vers *Dieu* ?

En général les démythiseurs ont déjà, en effet, une idée de la divinité, idée qui dépend beaucoup, ou même entièrement, soit de leurs souvenirs religieux, soit de leurs conceptions philosophiques, quand ce n'est pas d'un mélange des deux. Si les réminiscences religieuses dominent, on n'a pas affaire à une vraie démythisation, comme Onfray le reproche, on l'a vu, à une certaine pensée laïque. Si c'est la philosophie, elle peut être de plus ou moins grande qualité, mais elle est toujours celle du démythiseur et de son époque, ce qui en limite forcément la portée.

Le syncrétisme antique auquel j'ai fait allusion ne pensait pas la divinité comme la démythologisation moderne de Bultmann par exemple, si tant est que cette dernière veuille la penser. Car à notre époque anthropocentrique, cette démarche ne nous fournit guère que des platitudes sur l'angoisse existentielle, les profondeurs supposées de la subjectivité et la condition humaine en général, très, très en général. Il est vrai qu'elles sont plus ou moins raffinées intellectuellement, de l'analyse heideggérienne de Bultmann à des tentatives qu'il vaut mieux charitablement taire. Mais en réduisant « l'appréhension de Dieu à la façon dont l'homme s'appréhende lui-même[1] », elles ne nous disent rien de Dieu, ou alors suggèrent qu'on ne peut rien en dire. Et qu'est-ce qui nous prouve que Heidegger dit plus vrai que saint Jean sur la condition humaine, à supposer que ce soit le sujet ?

Non, ces efforts pour sauver la religion en la vidant de toute substance ou en la remplaçant par une philosophie ne font que projeter sur elle des préconceptions auxquelles il faut donner leur nom propre de pré/jugés. Cette voie est une impasse, et autant faire l'économie des religions si elles ne sont que de vieux déguisements mythologiques de vérités parfaitement accessibles sans elles, et guères intéressantes par-dessus le marché.

Les croyants qui seraient tentés de prendre ce chemin ne se feront pas mieux accepter des incroyants en mettant ainsi tant d'eau dans leur vin que personne n'aura plus envie d'y goûter. Et cela ne facilitera même pas le dialogue interreligieux, si important en effet aujourd'hui. Car il suppose, comme tout dialogue, une distinction entre ceux qui se

1. Hans Jonas, « Heidegger et la théologie » (1954), in *Esprit*, juillet-août 1988.

parlent. Sinon, on a plutôt affaire à un monologue, et qu'il soit à plusieurs voix n'y change rien.

Mais garder son vin pur n'oblige pas à l'intolérance et à l'inquisition. Du point de vue chrétien en tout cas, on n'est pas tenu de rejeter tous les autres dans les ténèbres extérieures et de croire que la religion que l'on professe est la seule vraie, alors que le reste du monde croupirait dans l'erreur. On pourrait objecter que cela n'a pas toujours été ou même n'est pas toujours le cas : il y a eu suffisamment de guerres « de religion » comme ça. Et c'est vrai. Il ne faut pas oublier que le christianisme, comme les autres religions, comporte une longue histoire et de multiples aspects. C'est comme un tissu où s'entrecroisent une multitude de fils, fils d'or souvent, fils moins glorieux parfois.

Dans le domaine dont nous parlons, notre époque a certainement connu un progrès, exprimé dans une des déclarations les plus importantes de Vatican II, *Nostra aetate* (qui veut dire précisément « à notre époque »). Celle-ci reconnaît aux religions non chrétiennes une valeur spirituelle et morale que l'on n'était pas habitué à trouver affirmée dans les documents du magistère. Mais si ce progrès rompait bien avec des raideurs doctrinales antérieures, il était aussi en continuité avec des idées déjà présentes dans la pensée chrétienne dès les origines, quand elle voyait des semences de vérité chez tous les peuples.

De ce point de vue, le christianisme est l'accomplissement et non la négation des aspirations religieuses de l'humanité. Comme l'écrit un homme qui est venu par une longue route de l'athéisme à la foi, « je ne pourrais pas être chrétien si j'étais forcé de croire que sur les mille religions du monde neuf cent quatre-vingt-dix-neuf sont absurdes et la millième (par bonheur) vraie. J'ai dû en bonne partie ma conversion au fait de reconnaître dans le christianisme l'accomplissement, l'actualisation, l'entéléchie d'une réalité qui n'a jamais été absente de l'esprit humain[1] ».

On dira que cette idée d'accomplissement ne fait pas sortir de l'arrogance pour autant, puisqu'elle suppose un approfondissement ou un progrès. Lorsque *Nostra aetate*, après avoir reconnu la valeur des deux autres monothéismes, déclare par exemple que l'Église « ne rejette rien de ce qui est vrai et saint » dans les religions non monothéistes, c'est donc qu'elle le distingue de ce qui ne l'est pas. Mais cette conviction que l'on peut y percevoir en effet ce qui est « rayon de vérité » malgré tout ce qui y manque, cette audace, il faudrait pouvoir dire ce culot, n'est pas une arrogance intellectuelle comme une autre, qui devrait céder devant un sain relativisme, elle est essentielle à la foi. Si elle n'y croyait plus, l'Église n'aurait plus qu'à mettre les clefs de saint Pierre sous la porte et à se transformer en organisation humanitaire. Et cela est vrai de toutes les confessions chrétiennes, qui doivent, comme leur nom l'indique, confesser la foi et essayer de la répandre : « Malheur à moi si je n'évangélise[2] ! »

C'est-à-dire si je n'annonce pas la Bonne Nouvelle de la Résurrection du Christ, car c'est cela qui définit le christianisme, et non le seul monothéisme. Il annonce ainsi ou proclame ou contient un rapport paradoxal de la mort et de la vie : *mors et vita duello conflixere mirando*, la mort et la vie se sont livré un duel stupéfiant[3]. C'est ce qu'on chante ou chantait à Pâques, et cela n'est pas tiré du *Dies irae* qu'on chantait aux funérailles autrefois, comme le dit par inadver-

1. C. S. Lewis, « Religion Without Dogma ? », 1946.
2. 1 Corinthiens 9, 16.
3. Fragment du *Victimae paschali laudes*, séquence du jour de Pâques.

tance Jerphagnon dans une méditation par ailleurs de bon aloi sur la mort[1].

La provenance de cette formule elle-même étonnante n'est pas un détail insignifiant, car le *Dies irae* est un poème qui évoque un Jugement dernier à la Michel-Ange, qu'on n'ose plus présenter aux timides fidèles actuels, alors qu'elle appartient à un poème qui célèbre la Pâque, c'est-à-dire la victoire stupéfiante en effet de la vie sur la mort et à travers elle : *dux vitae mortuus regnat vivus*, le maître de la vie, mort, règne vivant.

« Il est *vraiment* ressuscité », comme on le dit à Pâques justement dans l'Église orthodoxe, vérité qui est tout ensemble proclamation de la foi et invitation à la partager. De la foi, certes, et non de la démonstration ; il y a là un saut à faire, comme disait Kierkegaard. C'est aux yeux des chrétiens une invitation qui n'est pas folle – « le chant raisonnable des anges s'élève du navire sauveur », comme dit ce grand théologien de Rimbaud – mais une invitation seulement, qui s'adresse à notre liberté.

Mais qu'on l'accepte ou non, il est impossible de l'interpréter comme un appel à se complaire dans la mort : « Tu as devant toi la mort et la vie [...] choisis la vie[2] ! »

1. *Les dieux ne sont jamais loin*, *op. cit.*, chap. 7, « *Mors et vita...* ».
2. Deutéronome 30, 19. Le texte dans son sens premier concerne le choix d'obéir ou non à la loi divine.

L'AMOUR SEUL EST DIGNE DE FOI

L'athéisme ne comprend pas la foi, en tout cas pas un athéisme comme celui de ce *Traité*, où l'incompréhension éclate à toutes les lignes. La haine n'est pas toujours aussi clairvoyante qu'on le dit.

La foi au contraire, me semble-t-il, comprend l'athéisme, si elle est un athéisme sans cesse surmonté, un dialogue avec l'insensé que nous sommes tous qui dit en son cœur : « il n'y a pas de dieu [1] ». « Je crois, Seigneur, viens en aide à mon incrédulité [2] » est une prière qui doit être comprise de tout croyant.

Cela ne fait pas des fidèles de perpétuels angoissés, des hommes et des femmes qui vivraient dans une tension permanente. C'est même tout le contraire. Je n'ai pas qualité pour parler au nom de tous les monothéismes, mais du point de vue chrétien, il est sûr que la foi donne certitude et paix.

Il faut bien comprendre cette certitude, qui n'est pas une

1. C'est le début du Psaume 14, qui est le point de départ de la méditation de saint Anselme dans le *Proslogion*.

2. Marc 9, 24.

conviction obtuse qui vous transporterait dans un autre monde que celui des hommes. « Vous avez de la chance d'avoir la foi », entend-on dire à l'occasion, comme si on détenait une potion magique qui permettait de venir à bout de toutes les difficultés, en un tour de main.

Mais la foi n'est pas un talisman dont on disposerait à son gré, un objet que l'on « aurait », comme une potiche qui ferait partie de votre ameublement intérieur et qui vous dispenserait des « consolations » étrangères au reste des mortels.

« L'amour seul est digne de foi », disait Hans-Urs von Balthasar. Croire ainsi en l'amour de Dieu, c'est accepter d'entrer dans une relation qui se situe au-delà de l'évidence sensible, et en particulier au-delà de l'expérience psychologique immédiate. En ce sens, la foi peut coexister avec tous les états possibles du psychisme. Coexister n'est d'ailleurs pas le bon mot, car elle ne fait pas nombre avec ces états : elle touche le fond de l'être et s'établit à un niveau où ne parviennent pas les tempêtes. Elle est de l'ordre de la confiance, elle est indissociable de l'amour, mais ce n'est pas une émotion, un de ces états sentimentaux qui sont sujets, on le sait, aux intermittences du cœur. C'en est même le remède. Elle est désignée en hébreu par le mot *émèt* dont la racine connote l'idée de fermeté, de solidité. Et en effet elle donne accès à la permanence de la Réalité. C'est pourquoi elle est dans l'esprit du croyant un facteur de stabilité centrale, ce qui tient essentiellement le coup, quoi qu'il arrive : « Dieu est le roc de mon cœur et ma part pour l'éternité[1]. »

1. Psaume 73, 26.

TABLE

Cet ouvrage, mis en pages par PAO Éditions du Seuil,
a été imprimé par

FIRMIN DIDOT
GROUPE CPI

Mesnil-sur-l'Estrée

pour le compte des Éditions Philippe Rey
en septembre 2005

Imprimé en France
Dépôt légal : septembre 2005
ISBN : 2-84876-037-0
N° d'impression : 75509